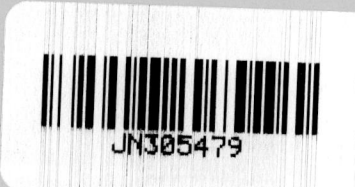

わくわく！
びっくり！

かんたん

手づくり絵本

木村 研 著

チャイルド本社

もくじ

わあー

はじめに

子どもは絵本が大好きです。

好きな絵本は、なん度も見ます。なん度も見るから、いろんな「力」がつくと思っています。

ぼくは、幼稚園のお母さんたちが「わが子にプレゼントする絵本」を作るお手伝いをしています。いつも、本当にすてきな絵本ができてきます。

世界に１冊しかない、自分のために作ってくれた絵本です。もらった子どもたちは、最高の笑顔になります。でも、それ以上に作ったお母さんたちの幸せそうな顔が、ぼくは好きです。

絵本を作るというと、なかなか大変そうに思えますが、目的を持った絵本はかんたんに楽しく作れます。

児童文学作家の他におもちゃ作りの講師などもするぼくは、手作り絵本は「おもちゃと同じ」と考えています。作って終わりではなく、作ったところから始まるからです。

これまでも絵本の楽しさを知ってもらうために、短い時間で作れるかんたんな絵本をたくさん紹介してきました。

今回の注文は、「幼児でも作れる絵本を」というむずかしいものでしたが、楽しんで作れるアイデア絵本をたくさん紹介することができました。応用例をなん種類も載せてありますから、年齢などに応じて使い分けるとよいでしょう。

また、「子どもになにをやらせたいか」によって保育者の下準備は変わってきますが、それらの方法も具体的に書きました。「手づくり絵本」のレシピのような入門書です。

お読みいただいた先生の保育室からどんな絵本が生まれてくるか、ぼくも楽しみです。

木村 研

季節を楽しむ

手づくり絵本

楽しく自己紹介!　あてっこ絵本

4月　お友達、だあれ?

入園や入学で、新しいお友達と出会う4月。
簡単にできるあてっこ絵本で、みんなの紹介ができます。

1 表紙を見せます

きょうはだれが出てくるかな?

2 1枚開いて…

うさぎさんが
だいすきで…

めくる順番はわかりにくいところから。

3 2枚目を開いて…

ピンクのリボンをつけているのは?

目を最後に残すと、期待が高まります。

4 全部開いて

パッチリおめめの
まゆちゃんでした!

最後はみんなの声を待ってから、「当たり!」
と言ってめくると効果的です。

作り方

なるべく画面いっぱいになるように描きましょう。

1. 画用紙を半分に折り、左ページに子どもが自分の顔を描く。
2. 右ページを２つ～３つに切る。等分でなくて OK、絵柄に合わせて切りやすい場所をカットする。
3. 開く順番を考えて、ヒントの文章を書く。

自分の顔が描けない年少児には、保育者が似顔絵を描いてあげたり、写真を貼るのもいいですね。子どもには、背景部分に好きなものを自由に描いてもらい、いっしょに作りましょう。

アドバイス

年齢に応じて切り方をくふうしよう

●年少児には「すぐわかるように」

切り込みは１つに。半分めくっただけでわかるように作ります。

●年長児には「わかりにくいように」

なん回も繰り返し遊ぶうちに、むずかしいものも楽しめるようになります。なかなか当てられないように、絵の描き方や開き方、切り方をくふうしてみましょう。

応用　めくりの期待感を楽しむ絵本

ちょっとずつめくる、お話絵本

切り方や開き方をくふうし、かんたんなストーリー仕立てにしてみましょう。

1

朝です。
おひさまが顔をだして、
「おはよう」といいました。

2

うさぎのみみちゃんが、まどをあけて
「おはよう」といいました。

3

すると、にわのお花たちも
「おはよう」といいました。

保育者やクラスの子どもたち、飼っている生き物などを登場させると、さらに盛り上がりますね。

1冊にまとめて

「お友達、だあれ?」の絵本を全員分まとめて製本すれば、クラスの自己紹介絵本に。

子どもたちの顔写真を貼った表紙をつけてみましょう。

製本テープやホッチキスで留めます。

いろいろな場面で使ってみよう

お誕生会の前に

お誕生児の登場の前にあてっこ絵本を見せると、盛り上がるでしょう。他にも、お当番さんの紹介などに使っても楽しいですね。

遠足への期待を高める

遠足で動物園に行くなら、「動物 だあれ?」の絵本を作り、いろいろな動物の特徴を見せると、興味が深まります。帰ってからは、子どもたちが絵を描いて作ってみましょう。

開いてびっくり！ のびる絵本

5月 元気におよげこいのぼり

引っぱってのばすと、こいのぼりが長くなったり、意外なものが出てきたり…。
単純なしかけで変化がいろいろ楽しめる、楽しい絵本です。

1 たたんだ状態を見せます

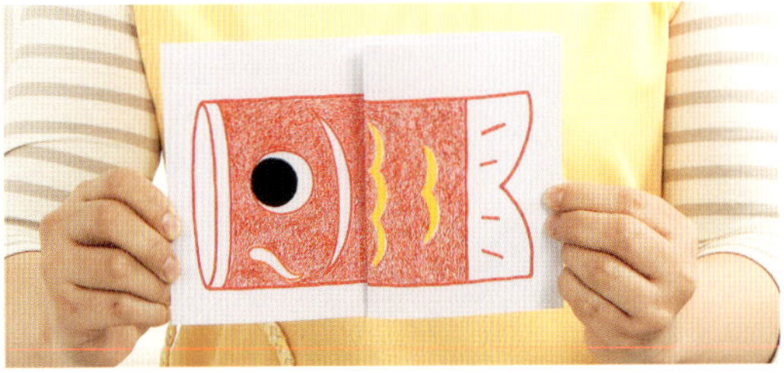

こいのぼりさん
フラフラ～
おなかがすいているのかな？

2 ゆっくり横に広げながら…

と思ったら…

3 完全に開ききって

わあ、
おやつをいっぱい
食べたんだね！

作り方

1

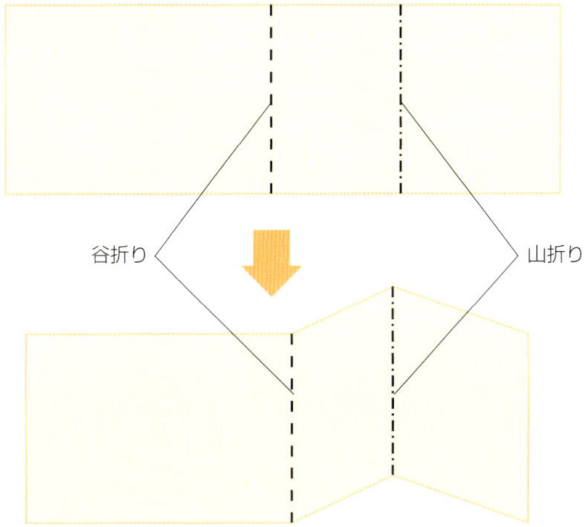

細長い画用紙などを適当な位置で
じゃばらに折る。

2

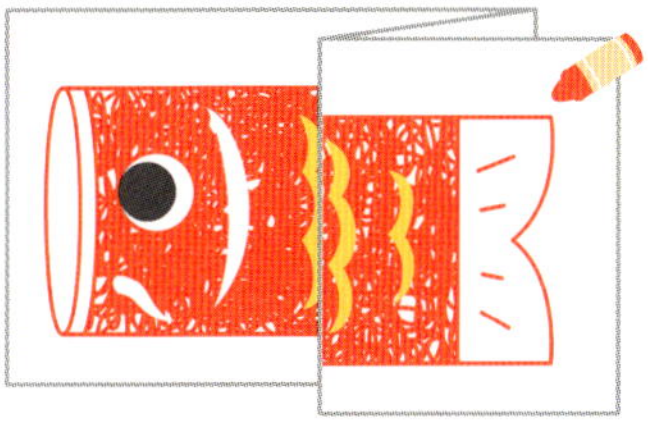

折った状態で、こいのぼりの絵を描く。

3

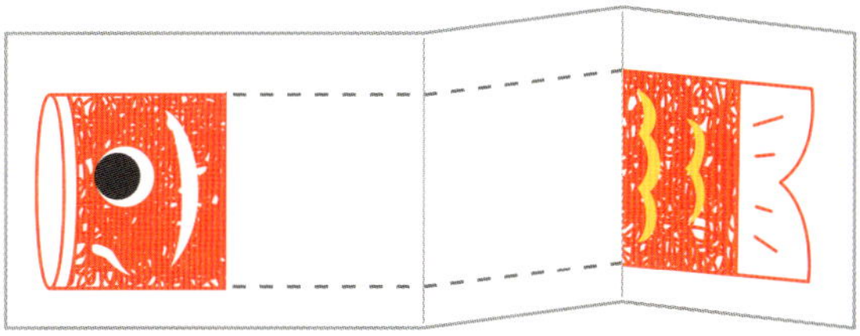

広げて、空いたところに自由に絵を描く。

バリエーション

意外な変化にするほどおもしろい！

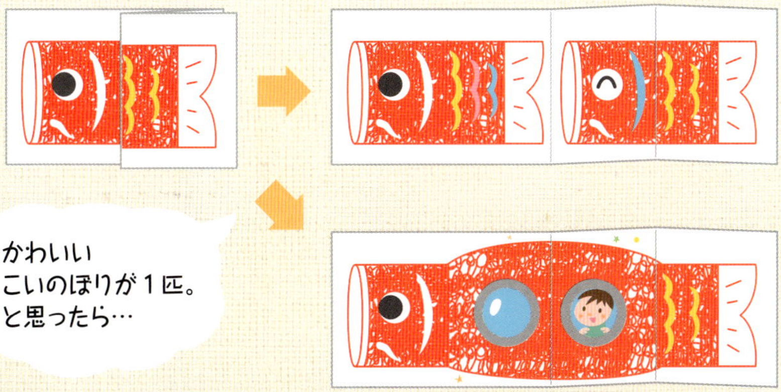

かわいい
こいのぼりが１匹。
と思ったら…

おやおや、
2匹でした！

じつは
宇宙船でした！

応用　長〜くのびる、数が増える

のび〜る乗り物絵本

トンネルから出てきた新幹線が、グーンとのびる絵本に！のびた部分に、スカイツリーや富士山など、いろいろ描いて、夢いっぱいに。

新幹線がトンネルから
出てきたよ。

ぐんぐん走るよ。長〜い！

数が増える絵本

子どもが家族の絵を描けば、家族紹介の絵本になります。

お父さんとお母さんが結婚して、

家族がいっぱい増えました。

なにが出てくるかな？

卵は箱や本でもOK。予想もつかない中身を出すと楽しいですね。子どもといっしょに考えてみましょう。

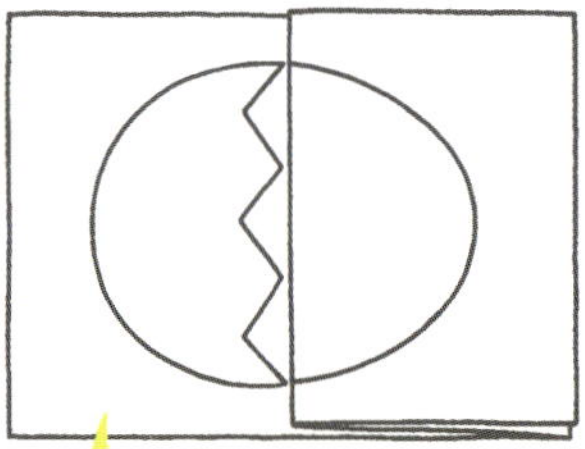

卵にひびが入ってるね。
なにが生まれるのかな？

ちっちゃなわにさんだ！

縦に使って…

陽気なかえるくんが大きな口を開けて…。なにを食べるのかな？ 子どもたちの発想が光る絵本です。

たこをあげたら…

１つの場面から、あっと驚くような展開を考えると楽しくできます。

園でのアレンジ例

給食の献立表に

その日の給食メニューを、くいしんぼかえるの絵本で見せると、子どもたちもワクワク。毎日の献立が楽しみになりますね。

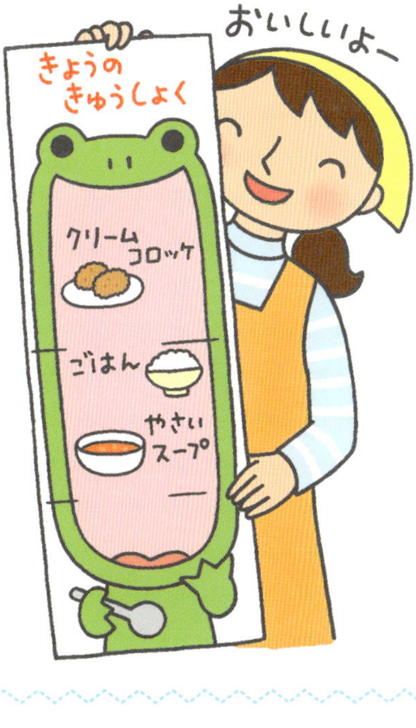

ぱたぱた絵変わり　変身絵本

6月　かえるさんが消えちゃった

一瞬で絵が変わる絵本です。
なん度もすばやく回転させると、パタパタアニメーションに。

1 持ち手を寄せた状態で、絵を見せます

かえるさん、葉っぱの上で
なにをしているのかな？

2 すばやく左右に持ち手を引っぱると…

持ち手を元に戻すと①の絵に戻ります。「池から上がってきたよ」などと声かけしましょう。

3 絵が変わった！

あっ、飛び込んだよ！

すばやく動かしても楽しい！

作り方

1

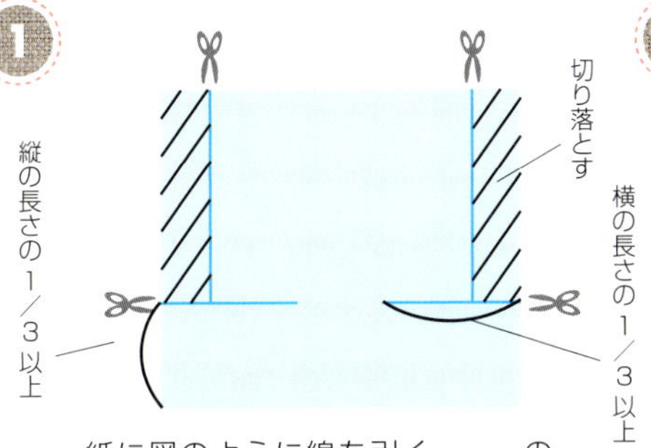
縦の長さの1／3以上
切り落とす
横の長さの1／3以上

紙に図のように線を引く。——のところは切れ目を入れ、斜線部分は切り落とす。

2

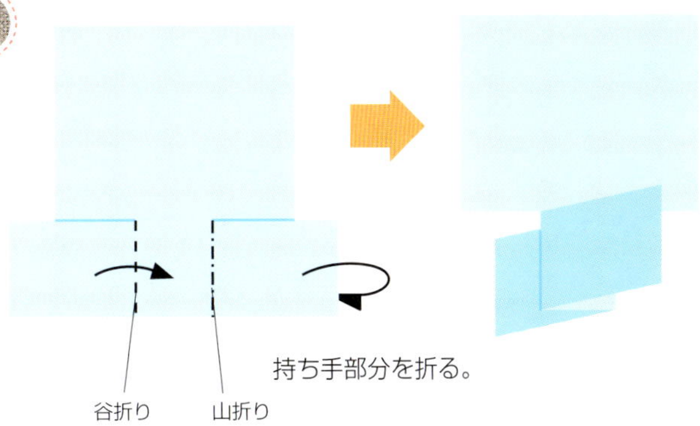
谷折り
山折り

持ち手部分を折る。

3

裏と表にそれぞれ絵を描く。

大きく作るときは厚手の紙を使うと、動きが安定します。

バリエーション

変身絵本は、お話が行ったり来たりするのが、おもしろいところ。
見た目の変化があり、お話がなん度も繰り返せるものをいろいろ考えてみましょう。

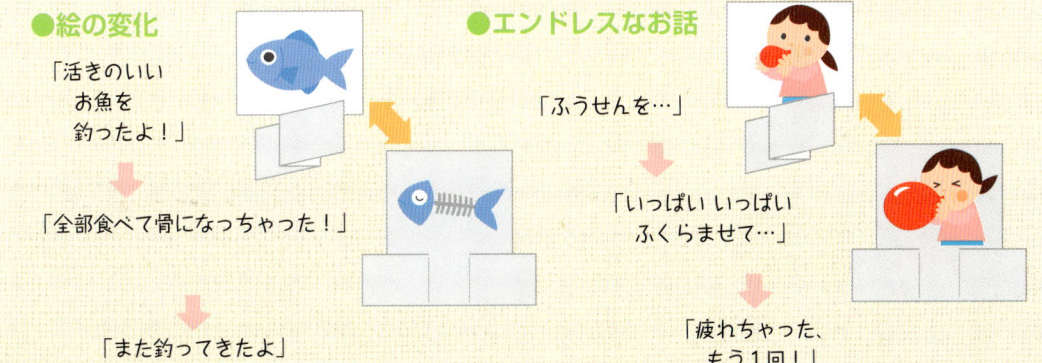

●絵の変化

「活きのいいお魚を釣ったよ！」

「全部食べて骨になっちゃった！」

「また釣ってきたよ」

●エンドレスなお話

「ふうせんを…」

「いっぱい いっぱいふくらませて…」

「疲れちゃった、もう1回！」

応用 紙皿で作る変身絵本

かえるの親子

2枚の紙皿を重ねて切れ目を入れるだけで、楽しい変身絵本ができます。

1 前のお皿を見せます

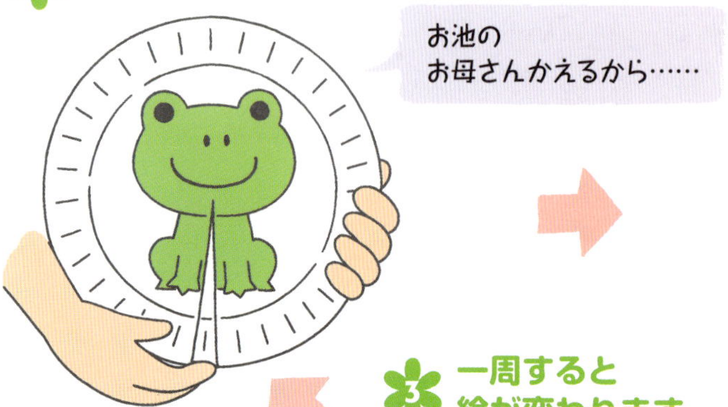
お池の
お母さんかえるから……

2 後ろのお皿の絵を少しずつ出して…

子どもたちが生まれて

3 一周すると絵が変わります

池がおたまじゃくしで
いっぱいになったよ！

同じように今度はかえるの絵のお皿を引き出して「おたまじゃくしがまたお母さんになって……」というようにお話が続けられます。

作り方

1

紙皿を２枚用意し、それぞれに
かえるとおたまじゃくしの絵を描く。

2

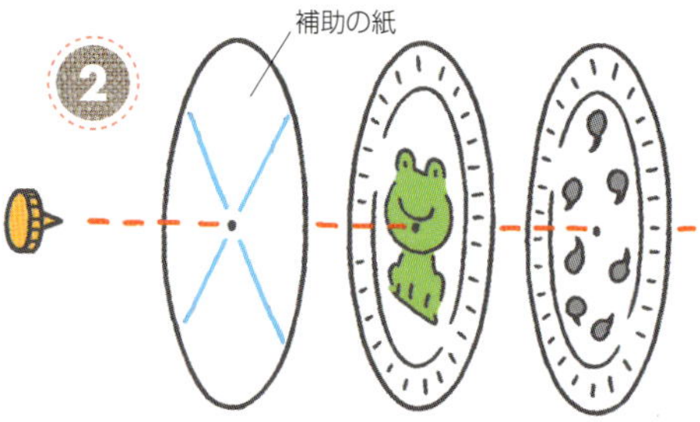
補助の紙

２枚の皿を重ね、画びょうなどをさして中心を決める。
補助の紙（→６１ページ参照）を使うと便利。

なかよしの紹介

２人の子どもの絵を重ねて「○○ちゃんのなかよしは…」と、友達の紹介をします。クラスみんなの分を用意して、後ろに重ねるお皿をどんどん交換していけば、全員がつながりますね。

後ろの皿をゆっくり回し「だれかな～？」などと声かけします。

今日のお話、なあに？

絵本の読み聞かせの導入に。読み聞かせをする前に、「今日はなんのお話かな？」と期待させながら、後ろのお皿をゆっくりと見せていきます。

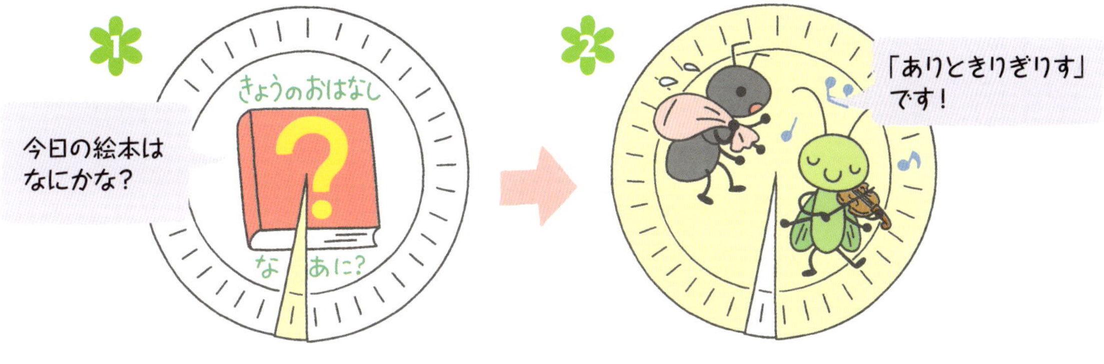

２枚を重ねて、はさみで中心まで切れ目を入れる。

切れ目から下の皿を少し出し、少しずつ回転させて下の絵を出しながらお話をする。

1枚の紙でできちゃう　インスタント絵本

7月　七夕のおはなし

1枚の紙さえあれば、あっという間に1冊の本の形に。
パタパタ折って、楽しくお話ししてみましょう。

1 表紙を見せたら…

きょうは、七夕のお話をします。

2 ページをめくりながらお話ししましょう

働き者のおり姫と
ひこ星は結婚しましたが、
仲が良すぎて
遊び暮らすように
なりました。

3

怒った神さまは、ふたりを
はなればなれにしましたが…

4

7月7日にだけ会うことを許されました。

5

こうして七夕は
願いごとが叶う日に
なったのです。

作り方

型紙 ▶▶▶ 64p

1

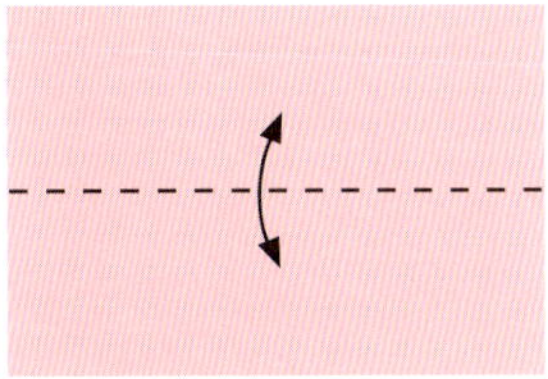

紙を横に2つに折り、
また広げて折り目をつける。

2

山折り、谷折りして、しっ
かり折り目をつける

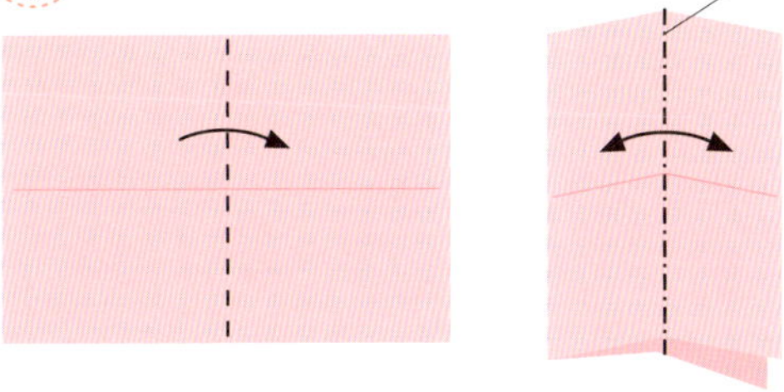

縦に2つに折り、
さらに縦2つに
折って、折り目
をつける。

3

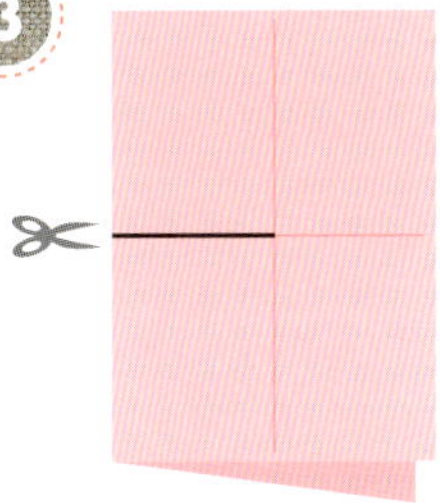

縦2つ折りの状態で、
図のように切れ目を入れる。

4

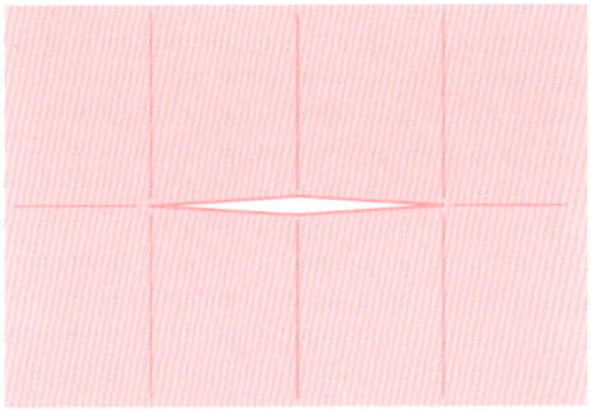

いったん広げる。

5

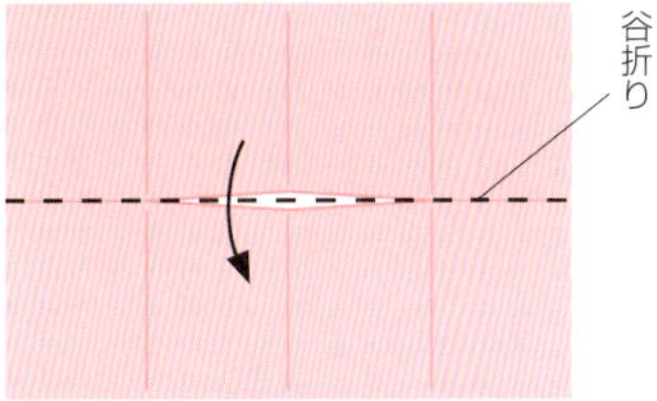

横半分に折る。

6

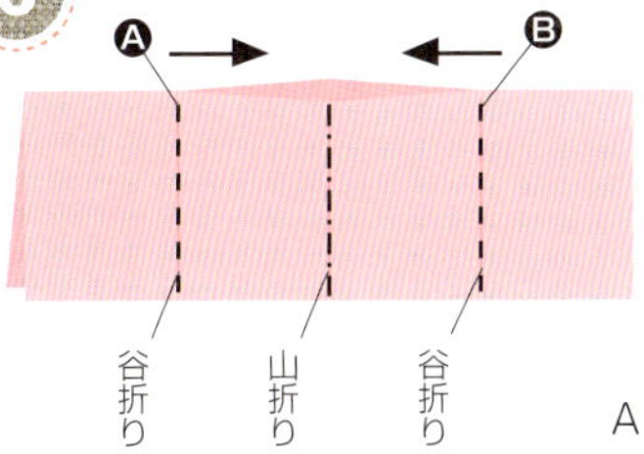

7

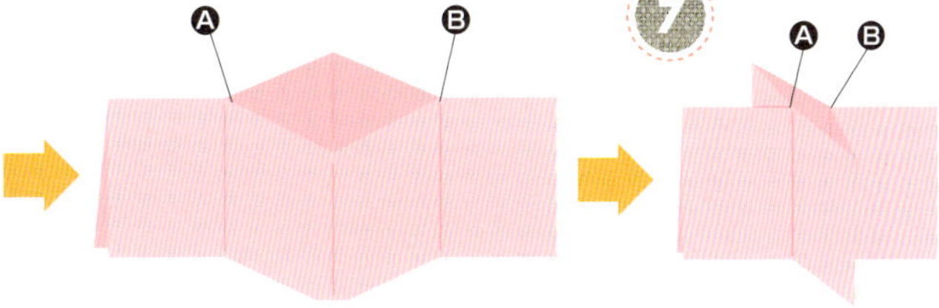

AとBをくっつけるように左右両側をまん中に寄せる。

8

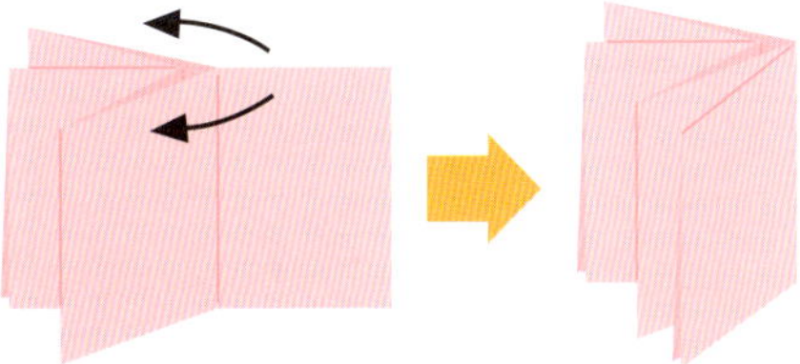

すべてのページを同じ向きに
まとめると、本の形になる。

9

ページを開きながら、
お話や絵を描く。
横書きの場合は左開
き、縦書きの場合は
右開きに。

応用　8ページ構成のかんたん冊子に

遠足のしおりに

遠足や園外保育のしおりに。広げてコピーしたら、本の形にして配ります。子どもたちが行く先で見たものを自由に描いていくと、オリジナルのしおりになります。

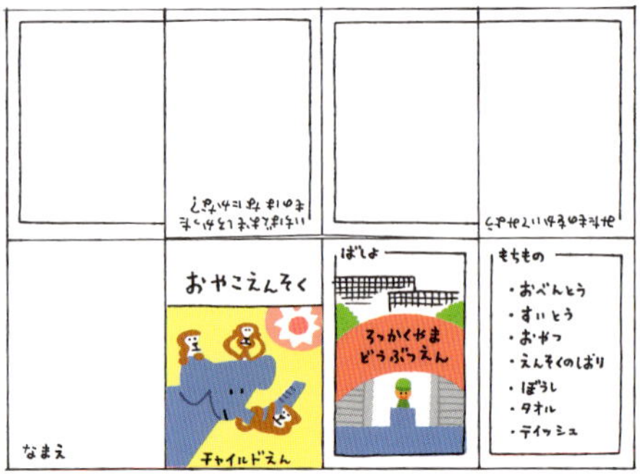

目的地、持ち物の一覧などの他は、子どもが自由に書き込めるようにしておきます。オリジナルしおりのできあがり！

1週間絵日記

表紙と7ページ分で、ちょうど1週間分の日記帳ができます。気軽に親子で絵日記を楽しみましょう。

型紙 ▸▸▸ 65p

絵は子どもが、
文章は大人が
書いて合作に！

迷路絵本に

園外保育の前などに、こんな探検迷路の絵本を作れば、気持ちを盛り上げるのにもひと役買ってくれそうです。

おやつをさがしに行こう！
どっちの道に行こうかな

いちご畑もおいしそう…

よかった！ へびに食べられなかった！

人食いわにには近づかないで…

大きなケーキに
たどりついたよ！

【展開図】

テレビのように絵が動く　窓つき絵本

8月 夏の思い出

長い紙に絵を描いて、窓つきの枠に通しながらお話しすれば、
みんなの視線がくぎづけになる、楽しい紹介絵本です。

1 長い紙を台紙にセットして…

海にもヘビが
いるんだって。

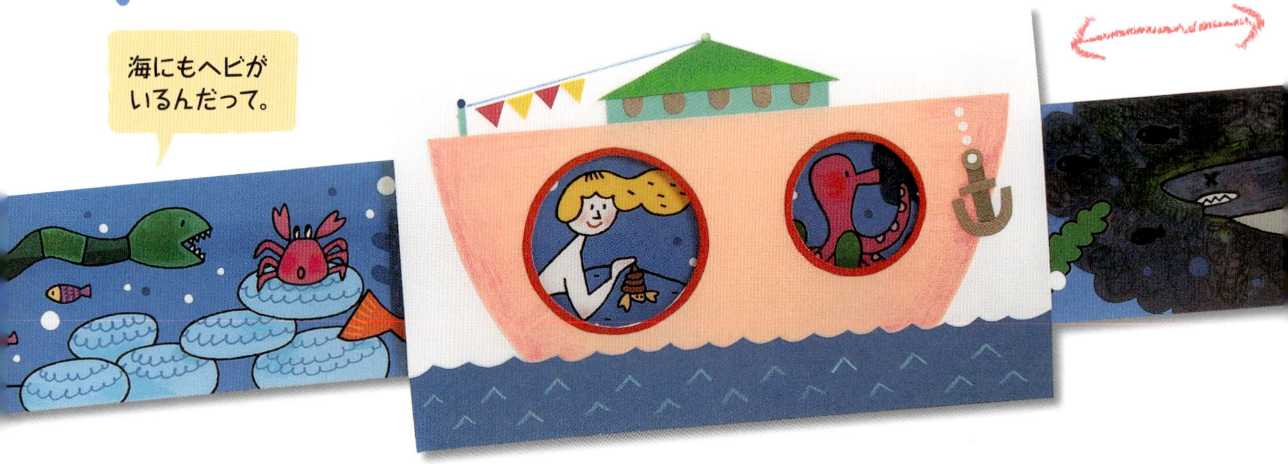

帯状の紙に、海や水族館の思い出などを
自由に描き、台紙に通します。

2 少しずつ引き出しながらお話ししましょう

○○ちゃんの夏は、
どんな楽しいことが
あったかな？

子どもが自分で持って話
したり、保育者が手伝っ
てあげたりしましょう。

作り方

1

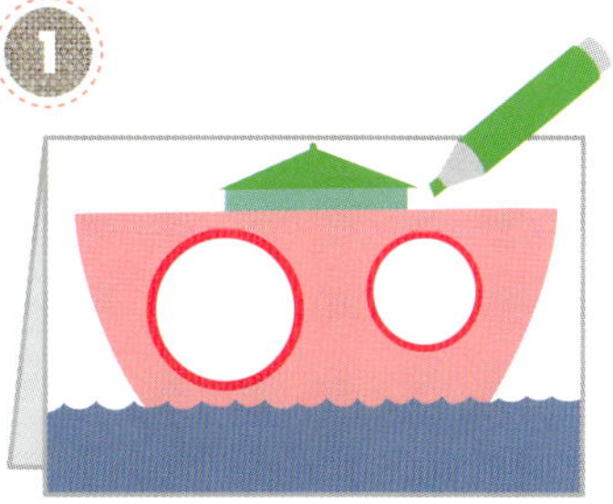

紙を２つに折り、片面に船の絵と窓の丸い形を描く。

2

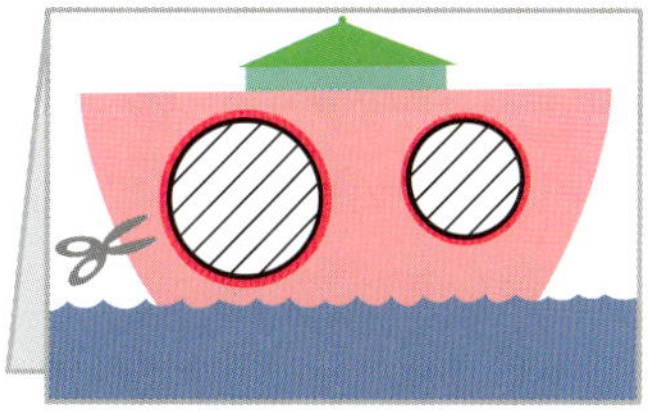

窓の部分を丸く切り抜く。
（→窓の切り抜き方は 63 ページ参照）

3

後ろの紙を少し内側に折り、セロハンテープで留める。

4

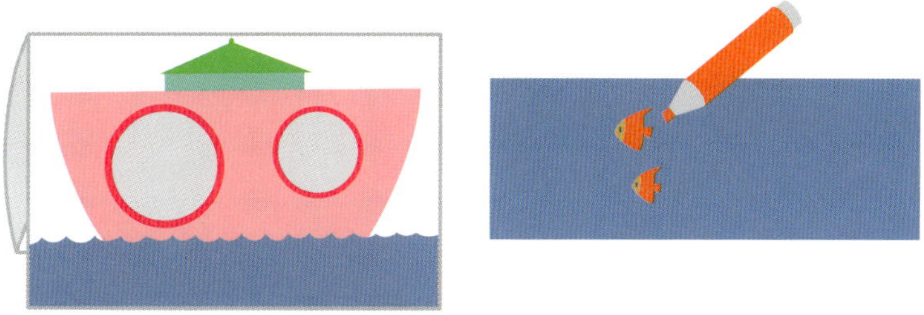

大きい穴より少し太い幅の長い紙を用意し、絵を描く。

5

長い紙を④の枠に差し込む。

アドバイス

絵を端から端まで見せるには…

中に通す紙の左端に余白をとっておくと、絵の端から窓の中に入れることができます。

応用 動くアルバムを作ろう

遠足の思い出

枠をバスの絵にして、長い紙には、遠足で行った場所や見たものなどを自由に描きます。クラスの友達の絵を描いて「○○ちゃんが乗ってきました」と、一人ひとり紹介するのもいいですね。

おいしいテーブル

お皿の形の窓に、次々とおいしそうなものが出てくる絵本。
大きさや見え方はあまり気にしないで描きます。
チラシなどから食べ物の写真を切り抜いて貼っても楽しいです。

わたしの夏の思い出アルバム

夏のできごとを、アルバム風に紹介する絵本です。枠には本の絵を描き、ページの位置に窓を開けておきます。

花火大会や虫捕り、
お出かけの思い出などを
自由に描きます。

みんなで発表し合って
楽しみましょう。

どこに出るかな? 迷路絵本

9月 おじいちゃん おばあちゃんと遊ぼう

パンチ穴を効果的に使った、楽しい迷路の絵本です。最初は紙１枚の簡単なものから、だんだんページ数や穴を増やしてむずかしくしても楽しめます。

1 表紙を見せます

だいすきな
おじいちゃんと
おばあちゃん へ
たろうより
1

2 開いたページの迷路をたどり、穴から次のページに行きます

どっちの道に行こうかな?
あ、おばあちゃんだ!
3
2

3 穴をぬけると…

次はおじいちゃんと遊ぼう!

おじいちゃんと
たこあげに
いこう!
おばあちゃんと
おやつを
つくろう!
4
おじいちゃんのところに行くとたこあげ!
おばあちゃんのところに行くといっしょにおやつ作り。

作り方

1

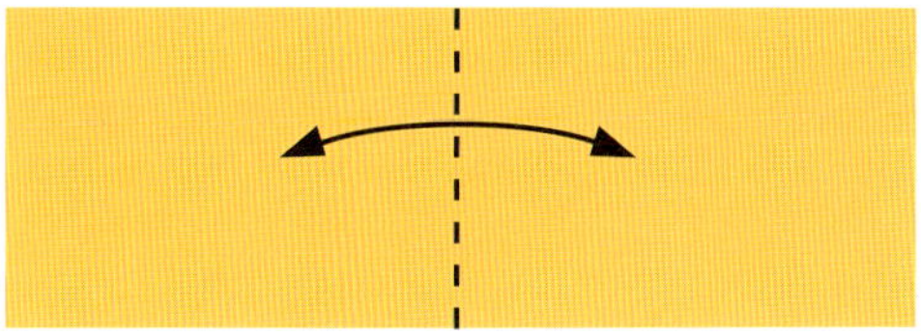

細長い紙を半分に折って開く。

2

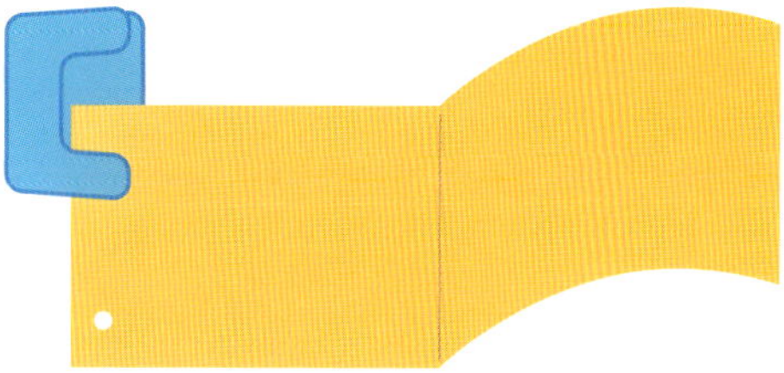

パンチで穴を開ける。

3 それぞれのページに絵を描く。

穴から続く場面の絵を描く。

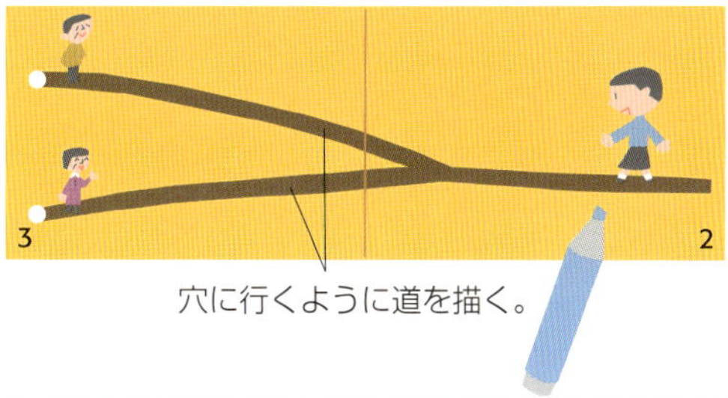

穴に行くように道を描く。

表紙は自由に。

バリエーション

穴の数を増やしたり、はずれを作っても楽しめます。

● 電車に乗って、どこ行こう

穴を３つにしたら、行く先が増えて楽しい！

● デパートでお買い物

表紙から穴を開け、「きょうはおやすみ」などはずれも作ると盛り上がります。

応用　迷路絵本のあみだくじ

あみだくじで係決め

穴をたくさん開けると、あみだくじができます。係決めなどに使うと、ぐんと楽しくなりますね。

1 子どもが場所を選んだらスタート！

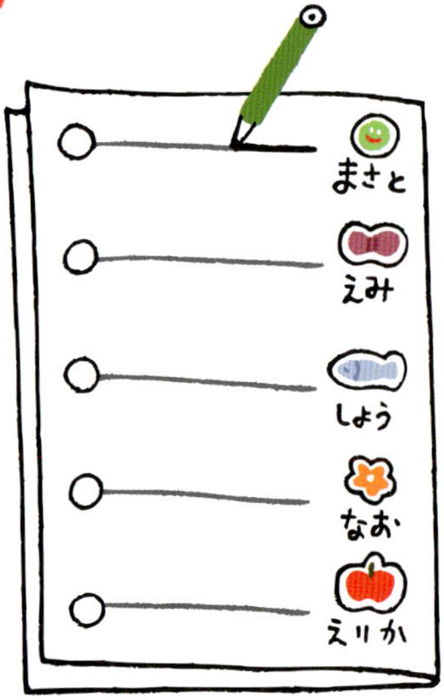

順番はじゃんけんなどで決めると盛り上がります。

2 あみだをたどって…

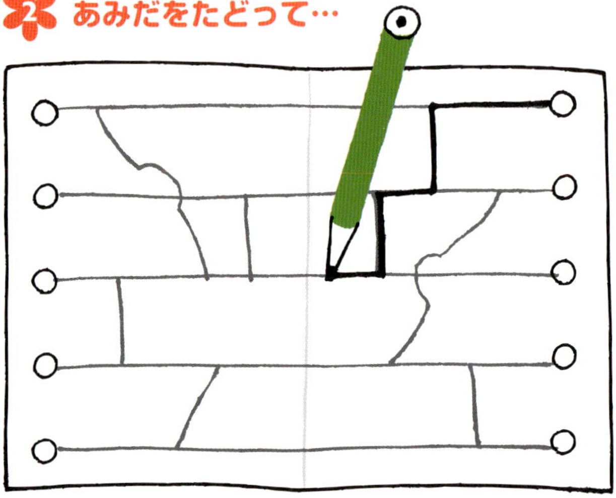

3 穴をくぐったら係が決定！

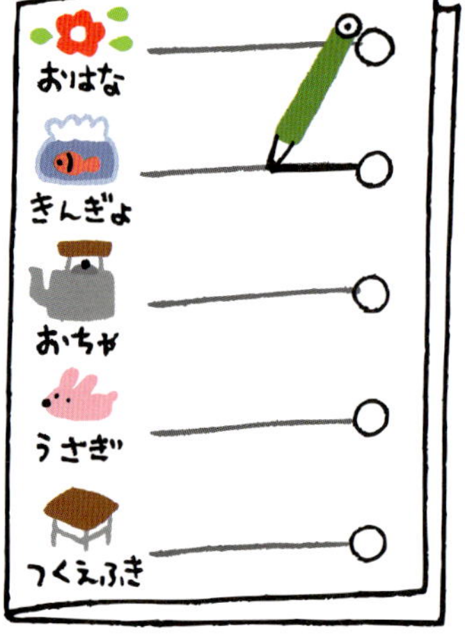

作り方

1 紙を2つに折る。

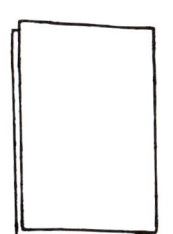

2 2枚いっしょにパンチで人数分の穴を開ける。

3 線を引き、子どもの名前を書く。

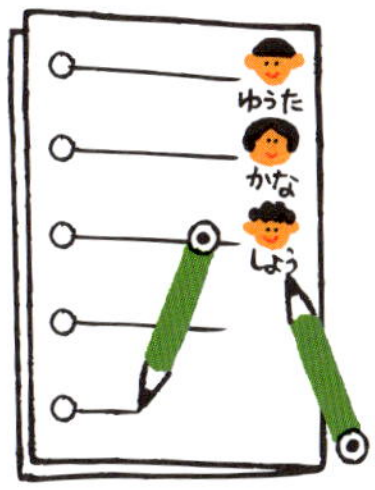

4 開いて、穴と穴の間に線を引く。

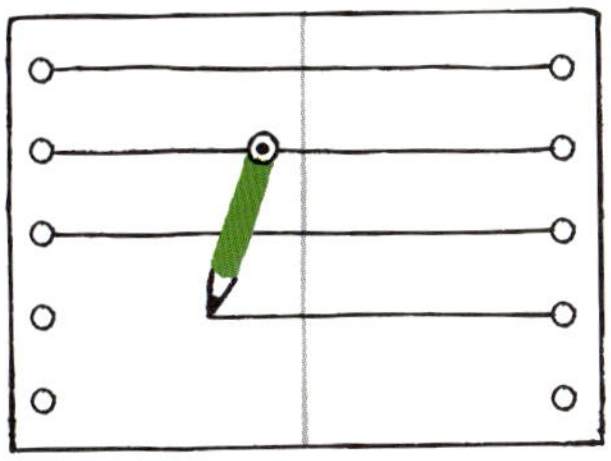

5 子どもたちで自由に縦線を書き加える。

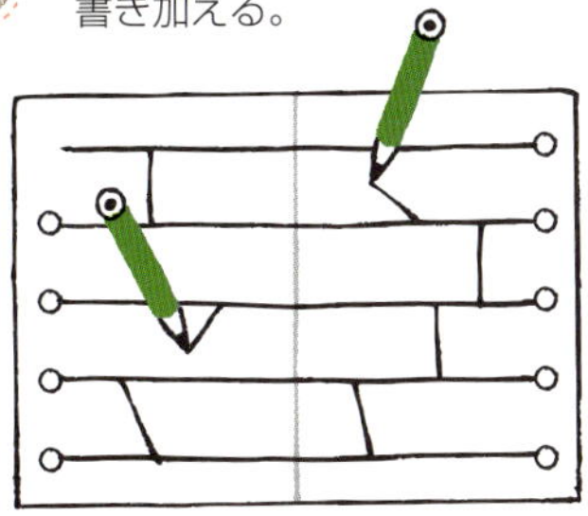

6 最後のページに係の絵や名前を書く。

バリエーション

何枚か重ねて複雑に

ページを増やしたり、穴の数や位置を変えると、いろいろな迷路が楽しめます。

ホッチキスで留める。

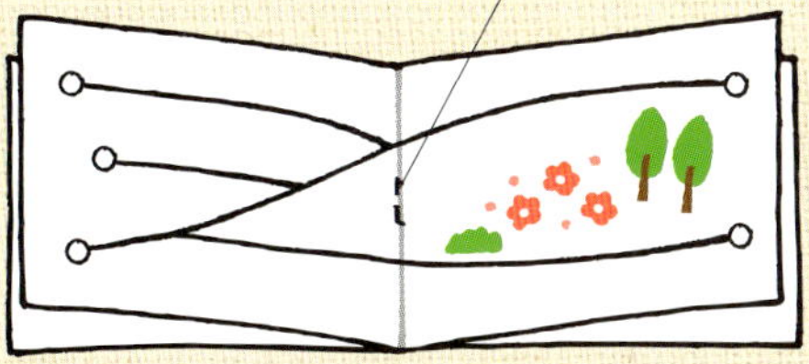

（1枚目）

（2枚目）

ページごとに違う場所に穴を開けると変化が出る。

ページを開けば迫力満点！ 大きくなる絵本

10月 きょうりゅうの絵本

開くたびにサイズが大きくなる絵本。１枚の紙を折りたたむだけで作れます。
大きくなるたびに気持ちもワクワク！

1 １ページ目を見せて…

小さな卵、
なんの卵だろうね？

2 横に開きます

赤ちゃん
きょうりゅうの
卵だったんだね。

3 今度は縦に開いて…

小さいきょうりゅう、
いっぱいたべるねー。

4 最後は全画面で迫力満点！

わあ！
こんなに大きな
きょうりゅうになっちゃった！

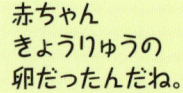

作り方

1 画用紙などを図の順番で３回折る。

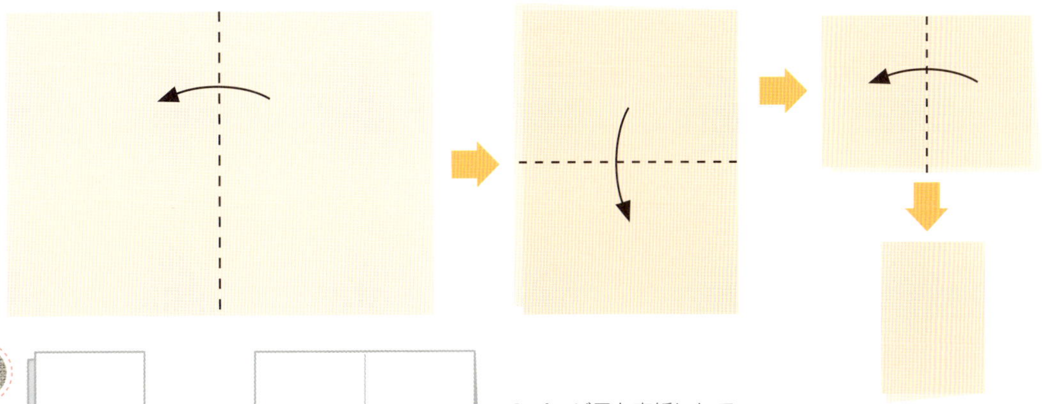

2

１ページ目を表紙にして、
開きながら絵を描く。

アドバイス

別紙で表紙をつけると
より本らしくなります。
（→表紙のつけ方は 33 ページ参照）

【展開図】

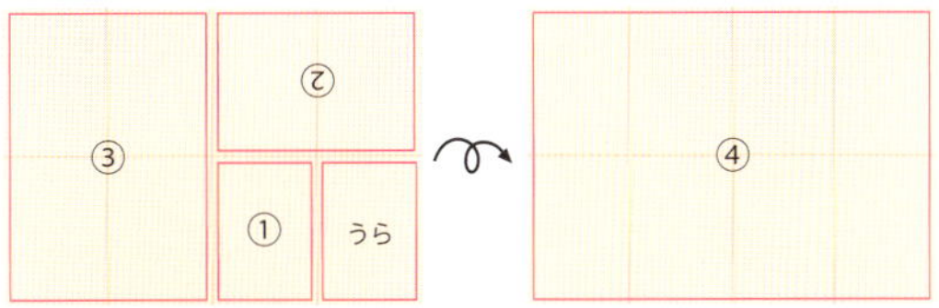

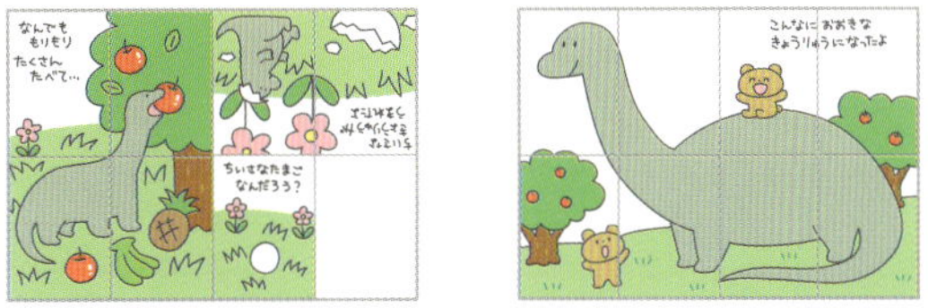

応用　プログラムやなぞなぞ絵本に

運動会のプログラムに

スポーツの秋、大きくなる絵本は運動会のプログラムにも便利です。B4 サイズくらいの紙で作ると使いやすいでしょう。

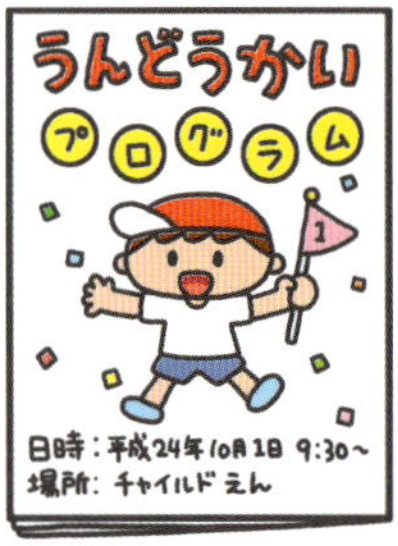

1 ページ目はプログラムの表紙に。子どもがあとから色をぬったり絵を描いたりしましょう。

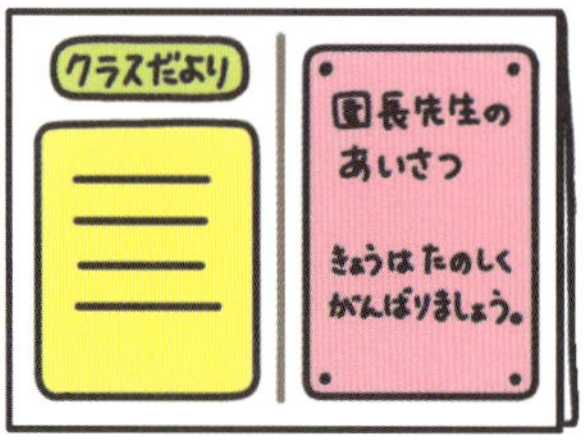

２画面目は園からのメッセージや、連絡事項を書き込めるスペースなどに。

3画面目はプログラムを。子どもが家族に「見に来てね」などと書き込めるスペースもあるといいですね。

裏には、名前を書く欄や、歌の歌詞などを載せましょう。

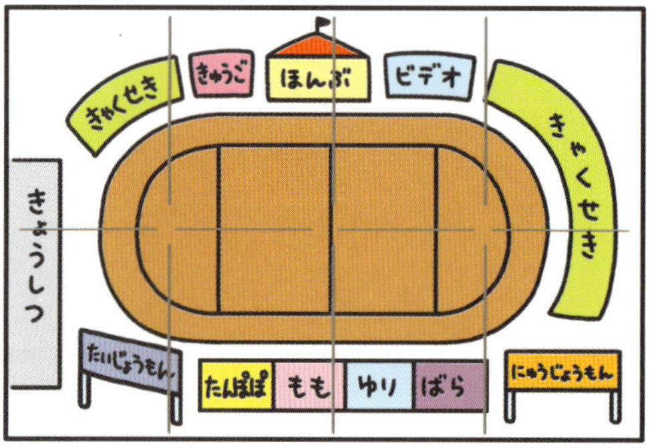

一番大きい4画面目は、会場の案内図に。

数のふえる絵本

大きくなる絵本では、ページを追うごとに数が増えるものも効果的です。ここでは、紅白の玉がどんどん増えていき、最後に動物さんたちの玉入れだった、とわかるしくみです。

白いボールがポーン。

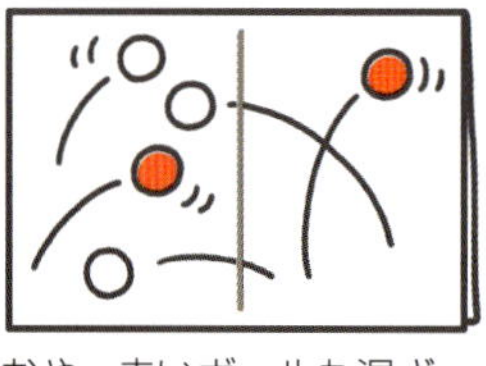

おや、赤いボールも混ざってきたよ。

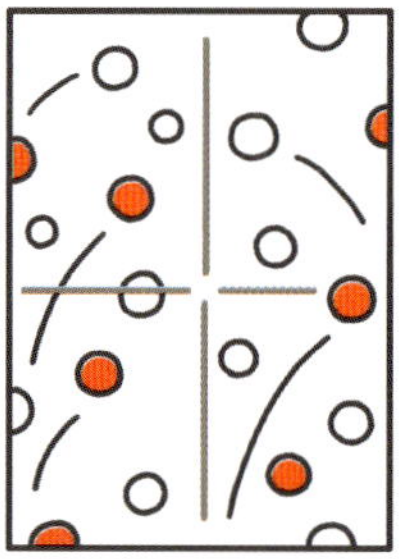

うわあ、いっぱい！なんだろう？

動物さんたちの運動会だったんだね。

なあに？ の絵本

大きなものの一部分をアップで見せ、「これ、なあんだ？」となぞかけをして遊びます。小さな子にはわかりやすい部分を選んで作り、年長児や慣れてきた子には、あえてむずかしい部分を見せるようにします。

お山におだんご？
なんだろう？

緑のツンツン、葉っぱかな？

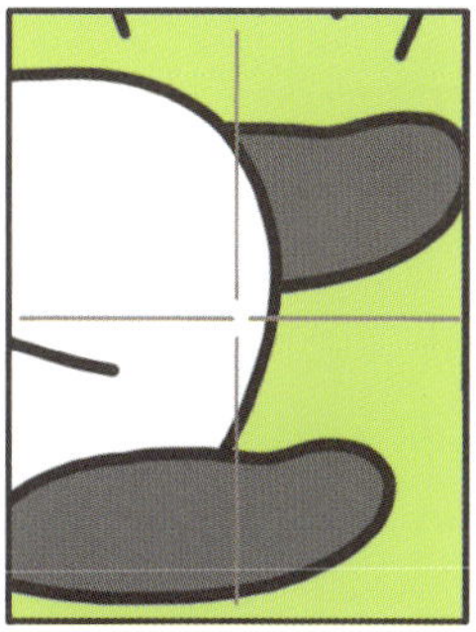

おやおや
だれかの足かな？

パンダさんだった！

表紙をつけよう

本体よりもひと回り大きい紙を用意して表紙をつけます。
ページも増えてちょっと豪華に。

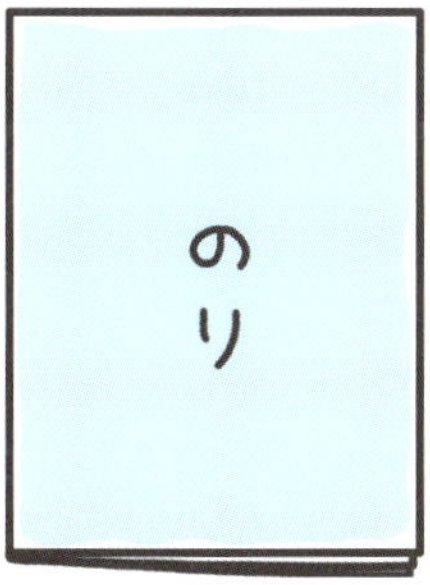

裏の部分に、
のりをつける。

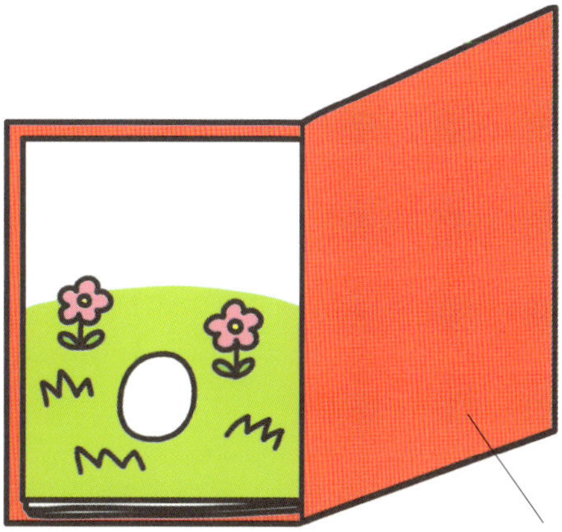

中心を合わせて貼りつける。

表紙の裏も
使えます。

表紙は直接絵を描いたり、
紙を貼ったり、自由に。

折るだけなのに本格的　びょうぶ折り絵本

11月

自分だけの葉っぱ図鑑

むずかしい製本をしなくても、かんたんに本らしい本に仕上がります。
好きなものを集めて貼れば、すてきな絵本のできあがり。

葉っぱを集めたオリジナル図鑑

葉は、雑誌などに一度はさんで押してから貼るときれいな仕上がりになります。

葉っぱの名前がわからなくても、自由に特徴などを書けば楽しい図鑑に！

作り方

1

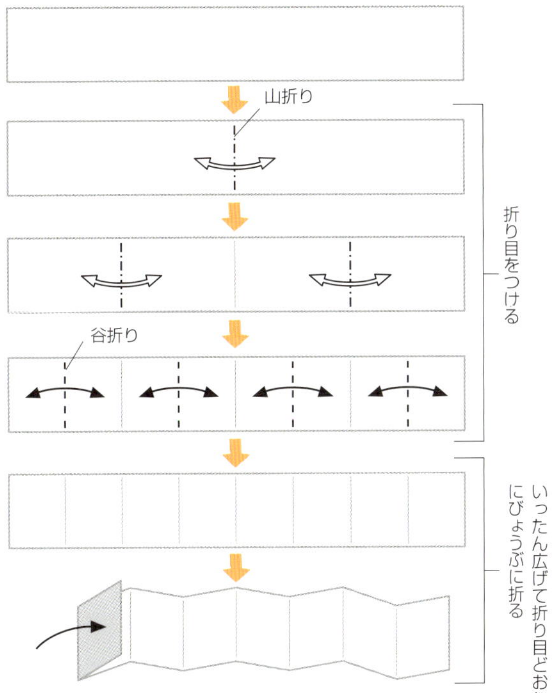
山折り
谷折り
折り目をつける
いったん広げて折り目どおりにびょうぶに折る

細長い画用紙などを用意し、図のような順番で均等に折り目をつけ、びょうぶ折りにする。

2

表紙用の紙をのりづけする。

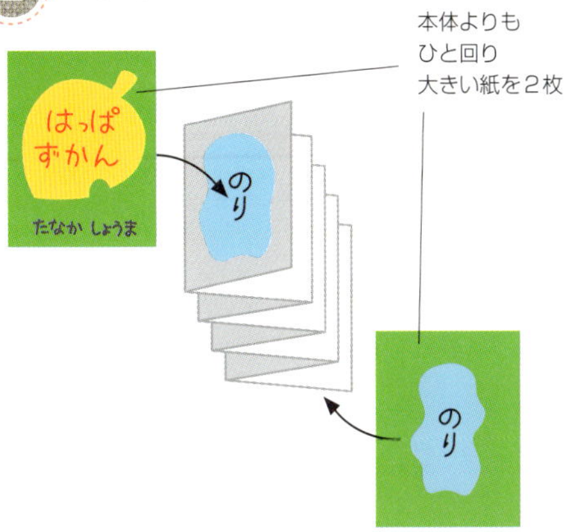
本体よりも
ひと回り
大きい紙を2枚
はっぱ
ずかん
たなか しょうま
のり
のり

3

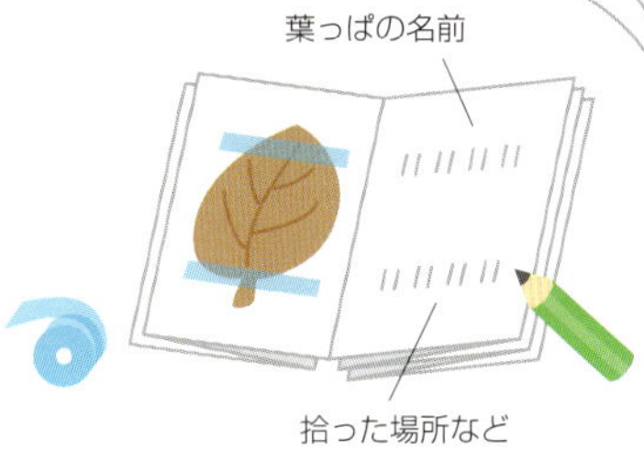
葉っぱの名前
拾った場所など

雑誌などにはさんでおいた落ち葉を、セロハンテープで貼りつける。

バリエーション

落ち葉の上に紙を置き、クレヨンでこする。

色紙を葉の形に切る。またはチラシや包装紙の葉っぱの模様や、写真を切って貼る。

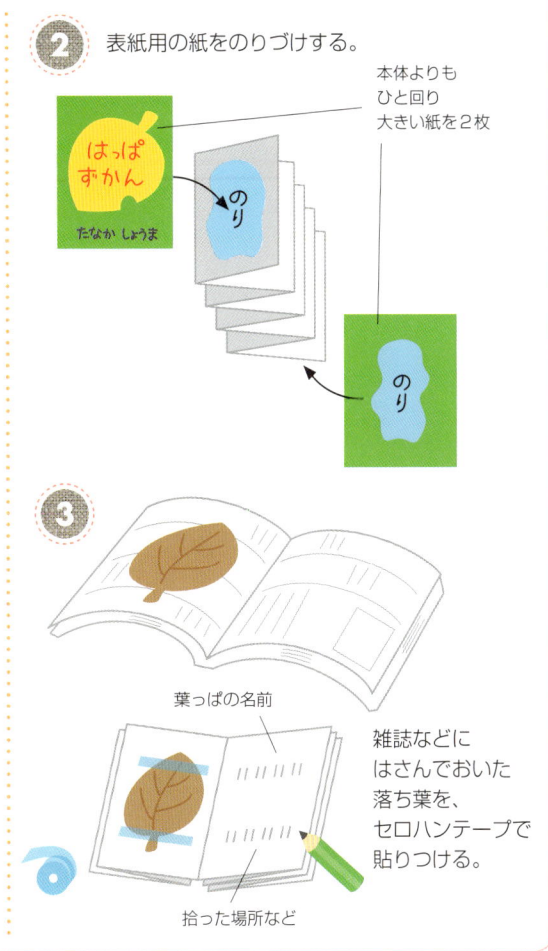

応用 表情や見立てを加えてさらに楽しく

描いたり、貼ったりして楽しむ

葉っぱをそのまま貼るだけでなく、重ねてみたり、つないだり、描き加えたりして、自由にイメージをふくらませて、オリジナリティーあふれる図鑑にしてみましょう。

目玉シールや丸シールを貼って、顔を描いてみる。

油性マジックで表情豊かに。

葉っぱの形を生かして、キャラクターを作ったり、自由に描いても楽しい。

お名前あいうえお絵本

子どもの名前の文字一つひとつに、その子の好きなものをあてはめて、名前の絵本に。大好きな自分の名前と好きなものが入った、とっておきの一冊になりますね。

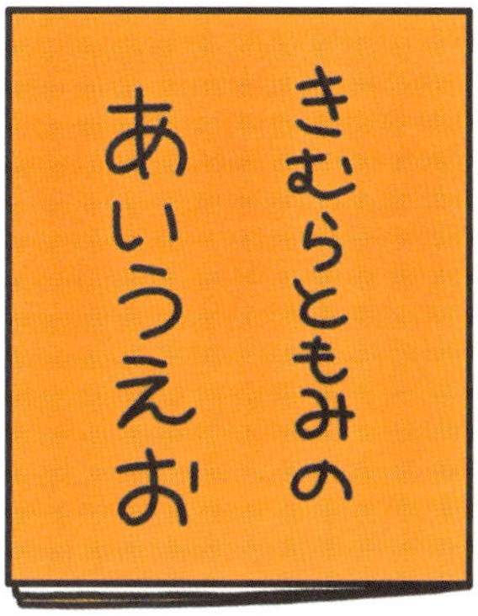

子どもと、好きなものを話しながら作ると楽しい。

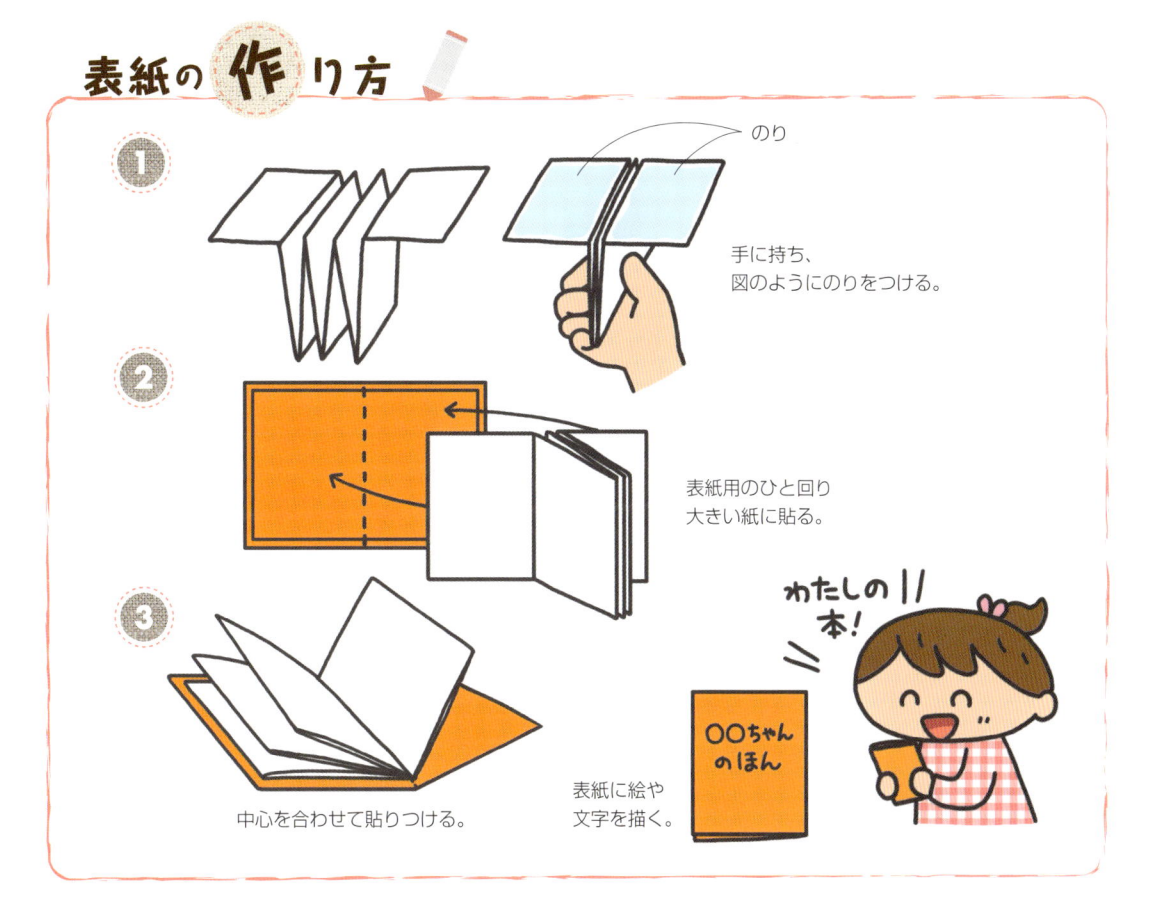

表紙の作り方

1

手に持ち、
図のようにのりをつける。

2

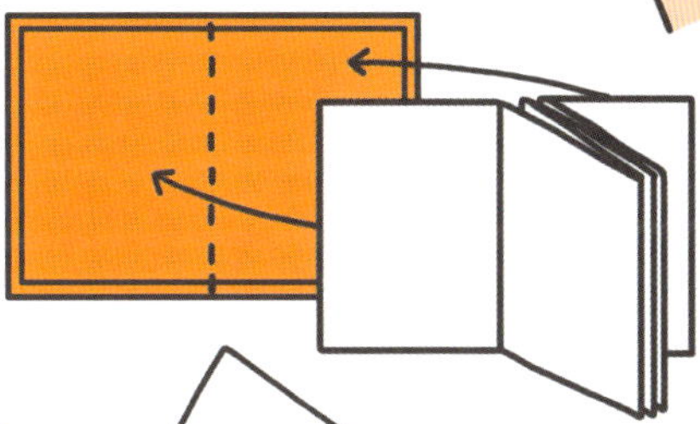

表紙用のひと回り
大きい紙に貼る。

3

中心を合わせて貼りつける。

表紙に絵や
文字を描く。

めくってさがすしかけが楽しい かくれんぼ絵本

12月 プレゼントはどこ？

窓を開いて、隠れたプレゼントをさがすしかけ絵本です。
なん度でも繰り返し遊ぶたびに、驚きやうれしさを味わえます。

1 窓を全部閉じて…

サンタさんが帰っていくよ。
プレゼントはどこに
隠れているのかな？

2 好きな窓を開けます

くつ下のところにあった！

プレゼントが出たら
「あっ、こんなところ
に隠れていたよ」など
と声かけしましょう。

3 窓を閉じて 後ろの紙を 90度回して…

4 また窓を開けます

今度は、ツリーに
隠れてた！

5 紙を 90度ずつ回して 遊びましょう

作り方

型紙 ≫ 66,67p

1

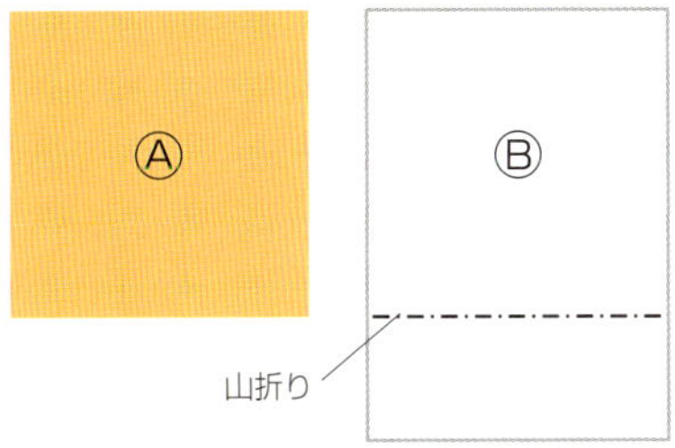

正方形の画用紙Aと折り返し部分を
足した画用紙Bを用意する。

2

Bの折り線より上に自由に
絵を描き、窓を4か所開ける。

3

Bの折り線を折り、
後ろにAを重ねる。

4

窓を1つ開き、プレゼントの絵を描く。

5

Aを90度回転させて重ねる。

6

別の窓を開いて絵を描く。

7

さらに同じ方向に
90度回転させる。

8

別の窓を開いて絵を描く。

9

同様にAを回転させて
4つ目の窓に絵を描く。

応用　しかけを使って、楽しいクリスマスカードに

窓の中には……

窓を開けると、プレゼントや、パーティーの様子が
現れる、楽しい絵本です。

サンタの顔の部分を子どもの写真や似顔絵
にすると、子どもも大喜び！

大きな窓を観音開きにすると
ダイナミックに！

飛び出すしかけカード

切り方をちょっとくふうして、
雪だるまが立ち上がるようにしたカード。
立体的で凝って見えますが、作り方は意外と
シンプルです。

作り方

1

画用紙を半分に折ってから広げ、絵を描く。

サンタの顔の部分は、あとで写真や似顔絵が貼れるように空けておく

2

窓をカッターなどで切り、開くようにする。

3

ひと回り大きい紙を②の下に置き、窓を開けて絵を描く。サンタの顔の部分は、子どもの顔写真を切って貼ってもよい。

観音開きにするときは

窓の上下にカッターで切れ目を入れ、まん中から開くように切る。

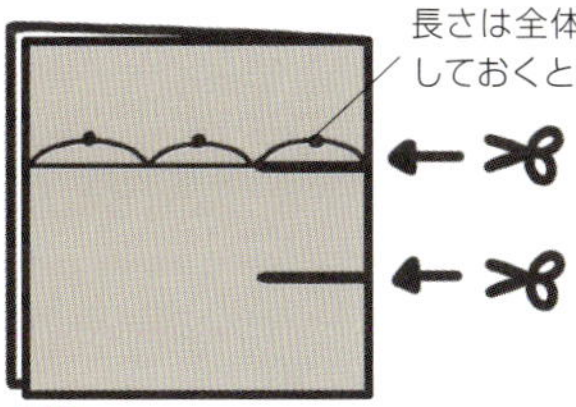
長さは全体の 1/3 くらいにしておくとよい

1 2つに折った紙に、切り込みを2本、同じ長さで入れる。

2 前後に折り目をつける。

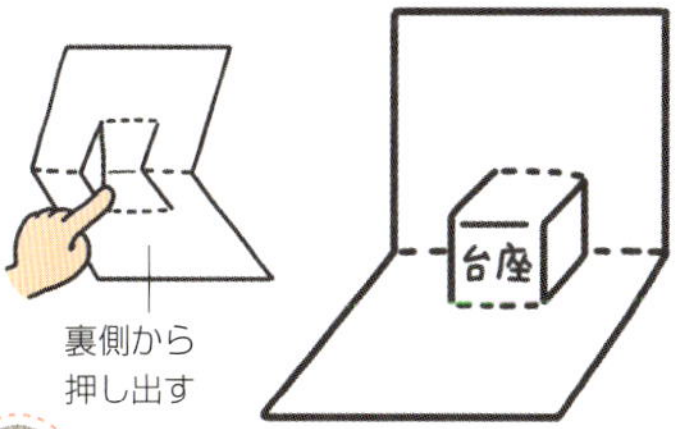
裏側から押し出す
台座

3 押し出して、台座にする。

メリークリスマス

4 いったん広げて、台座のまわりに絵を描く。

メリークリスマス

5 台座の部分に、雪だるまの絵を貼りつける。

アドバイス 飾りを大きくしたいときは、裏側を補強するとよい。

絵が、カードからはみださないように、大きさを調節する

ふしぎふしぎ！絵が変わる！ 手品絵本

1月 おもちがふくらんだ

手品のように絵が変わり、お話がぐるぐる繰り返す、ふしぎな絵本です。

1 最初の絵を見せて

ねずみさんが
おもちを焼いているよ。

後ろに折って
中央から開き、
次の絵を出す。

2 2枚目の絵を見せて

どんどんおもちが
ふくらんできたよ。

後ろに折って
中央から開き、
次の絵を出す。

3 3枚目の絵を見せて

ぱーん！
ふくらみすぎて
はれつしちゃった！

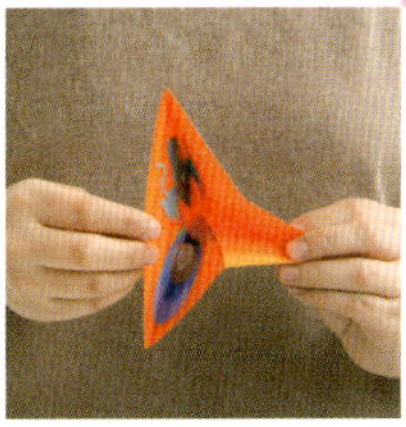

後ろに折って
中央から開き、
1枚目の絵に
戻る。

しかたがないので、
もうひとつ焼くことにしました。

作り方

型紙 ▸▸▸ 68p

❶

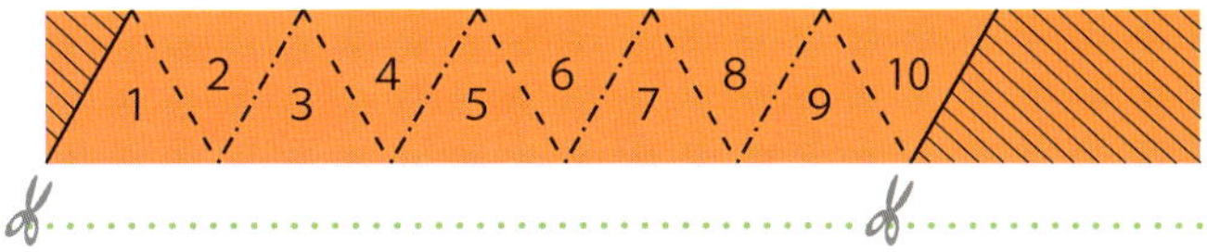

細長い紙を用意して正三角形を 10 個とる。(→正三角形のとり方は 62 ページ参照)

❷

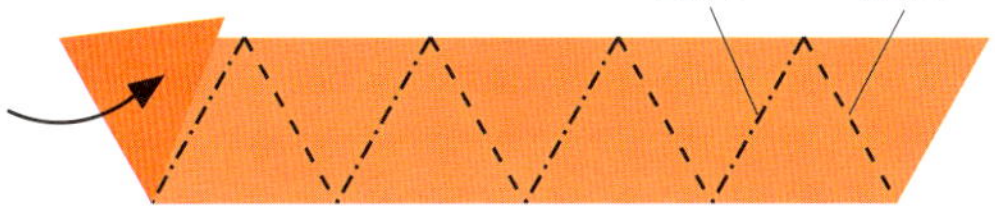

正三角形を表裏交互に折って重ねる。

❸

1 と 10 の裏どうしを貼り合わせる。

❹

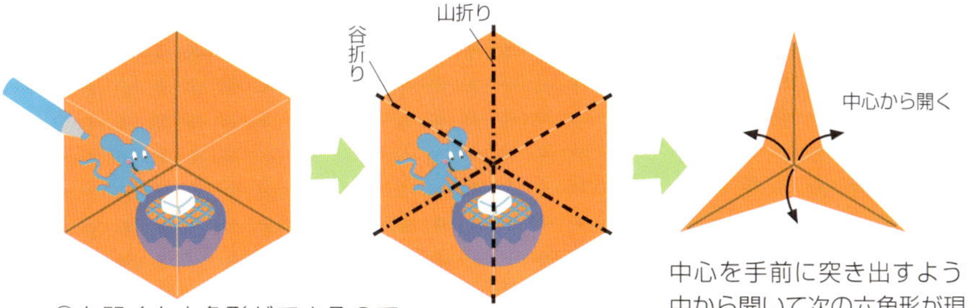

③を開くと六角形ができるので、1 枚目の絵を描く。

中心を手前に突き出すようにたたむと、中から開いて次の六角形が現れる。

❺

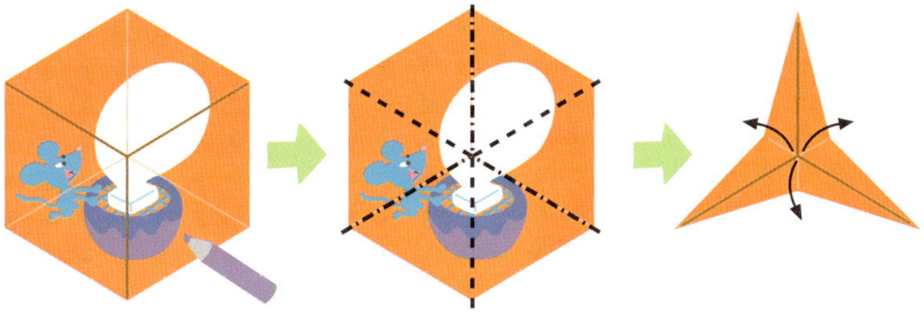

2 枚目の絵を描き、④と同様に次の六角形を出す。

絵を描くときの注意

六角形は必ず毎回同じ方向にたたんで、開いたところに絵を描きます。

❻

3 枚目の絵を描く。

ぐるぐる続くお話を、いろいろ考えて描いてみましょう。

応用　紙を折り返すだけのパタパタ手品絵本

卵が先か、にわとりが先か?!

絵が６種類に変化します。前のページの手品絵本より少し長いお話ができます。

1 最初の絵を見せて

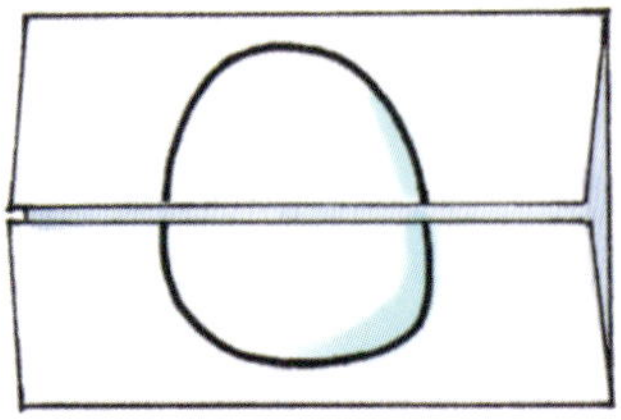

卵がわれて……

2 上半分を後ろにめくる

なにが
出てくるかな？

3 下半分を後ろにめくる

ひよこさんが生まれたよ。

4 表裏をひっくり返す

どんどん食べて大きくなって…

5 上半分を後ろにめくる

かわいいめんどりさんになったね。

6 下半分を後ろにめくる

めんどりさんが卵を生んだよ。

ひっくり返すと
元に戻る。

作り方

型紙 ▸▸▸ 69,70p

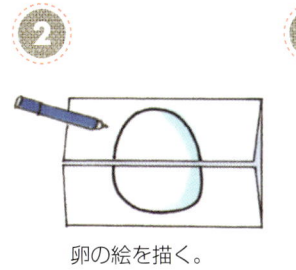

1

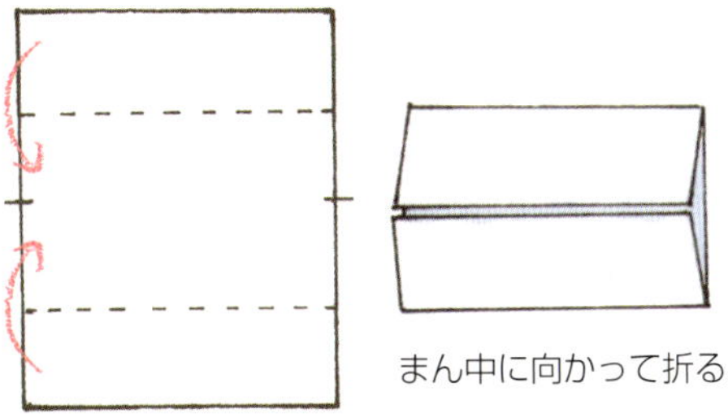

まん中に向かって折る。

2

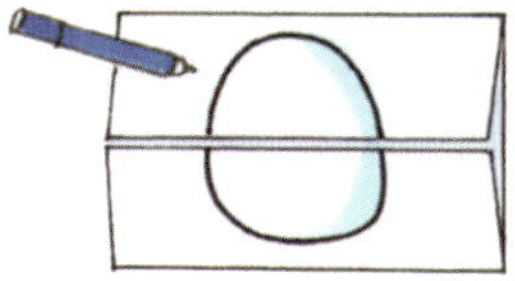

卵の絵を描く。

3

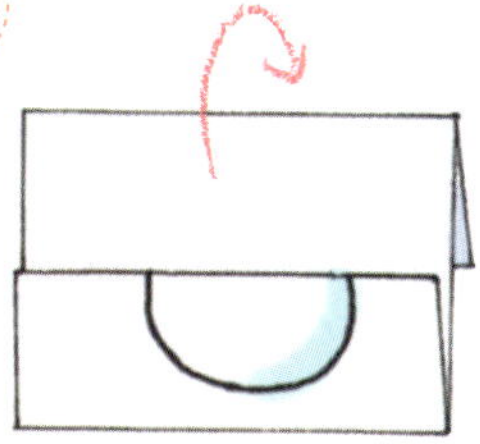

上半分を
後ろにめくる。

4

下半分もめくって、
ひよこの絵を描く。

5

裏返して、若い
にわとりを描く。

6

⑤の上半分を後ろ
にめくり、下の絵
につながるように
めんどりの上半分
を描く。

7

下半分をめくり、
めんどりの下半分を
描く。

バリエーション

自由な描き足しで、さらに楽しいお話に

「卵とにわとり」のシンプルな絵本。子どもが絵を描き加えて、お話を広げましょう。

「いいお天気の日に、
ひよこさんが生まれました」

「花の咲く野原で、ひよこさんはうさぎさんと遊びました」……など。

ピョーンと飛び出す　びっくり絵本

2月 鬼もびっくり！

輪ゴムをしかけたバネ人形が勢いよく飛び出す、元気な絵本です。

1 絵を相手に向けて、表紙を押さえて…

こわーい
おにさんだよ～。

2 手をパッとはなします

わあ！
ももたろうが飛び出した！

作り方

1

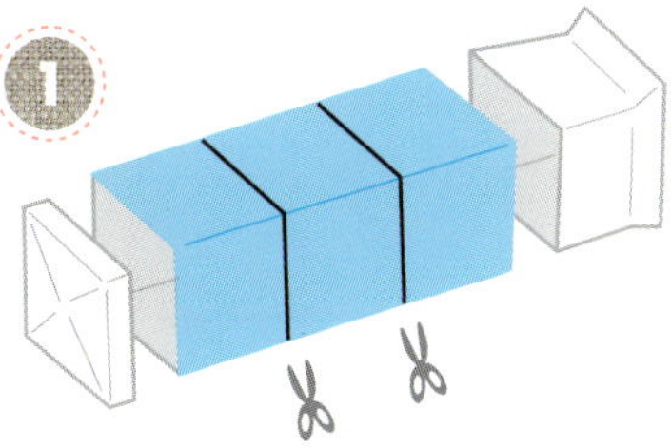

牛乳パックを適当な幅に切る。

2

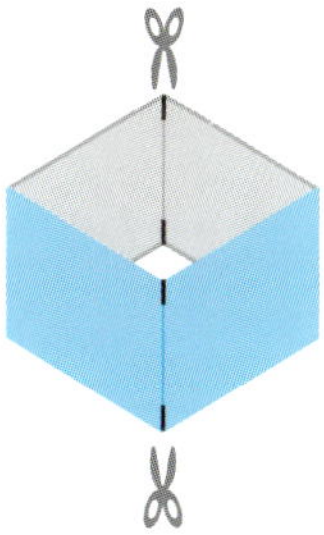

図のように4か所に1㎝ほどの切り込みを入れる。

3

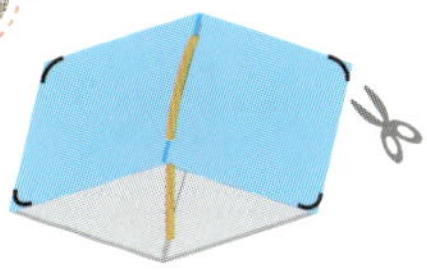

切り込みのない方の角を丸く切り取る。切り込みに輪ゴムを引っかける。

4

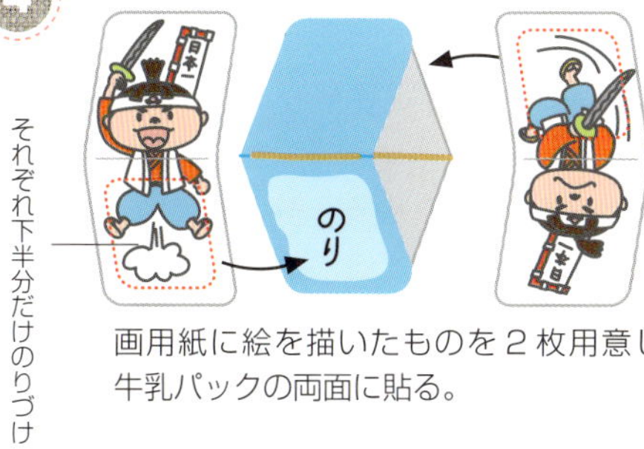
それぞれ下半分だけのりづけ
のり
日本一

画用紙に絵を描いたものを2枚用意し、牛乳パックの両面に貼る。

5

表紙は強そうな表情
おにのほん

厚紙を2つ折りにして、角を丸くし、表紙と中に鬼の絵を描く。

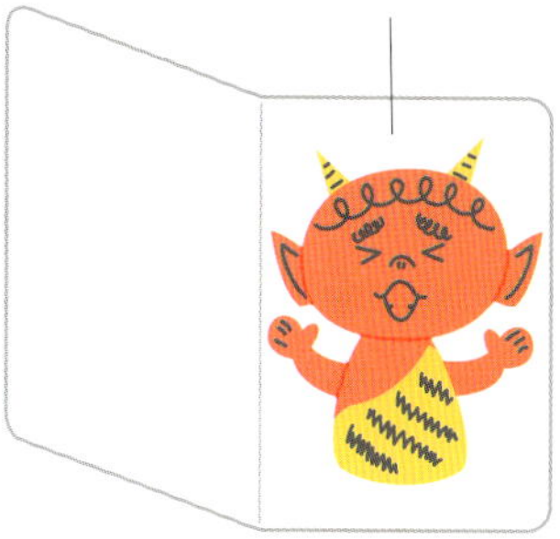
中はビックリした顔に

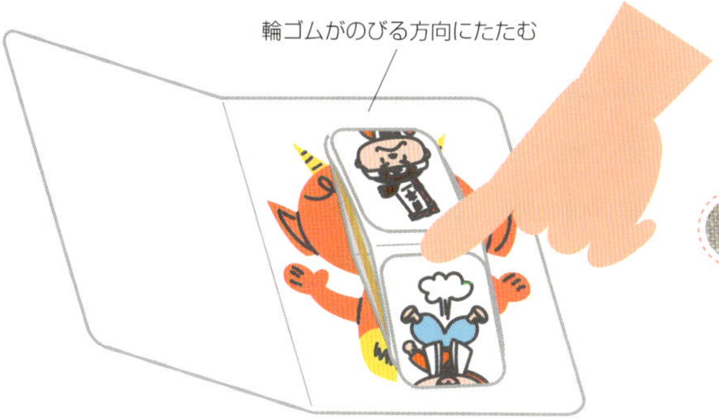
輪ゴムがのびる方向にたたむ

6 ④のももたろうを押さえてはさむ。

バリエーション

人形のつけ方を変えると、飛び出したあと、自立します。

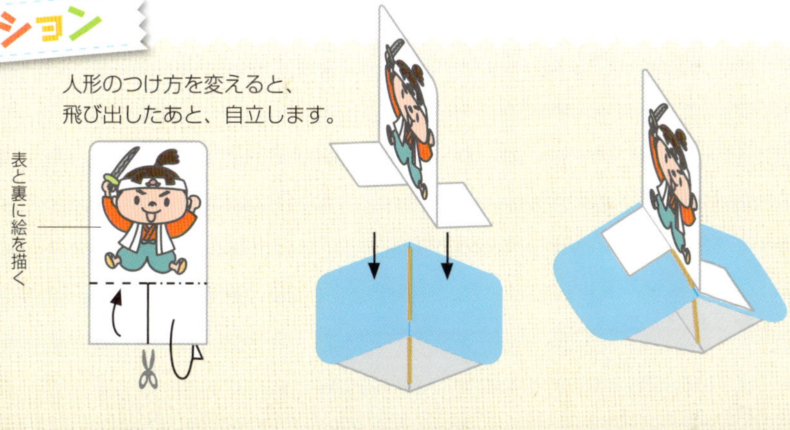
表と裏に絵を描く

応用　たくさん作って、びっくりも倍増！

かえるがぴょんぴょん！

前ページのバネ人形をたくさん作ります。重ねると押さえにくいので、浅めの箱を使うのも一案です。

バネの力に負けないよう、手でしっかりにぎる。

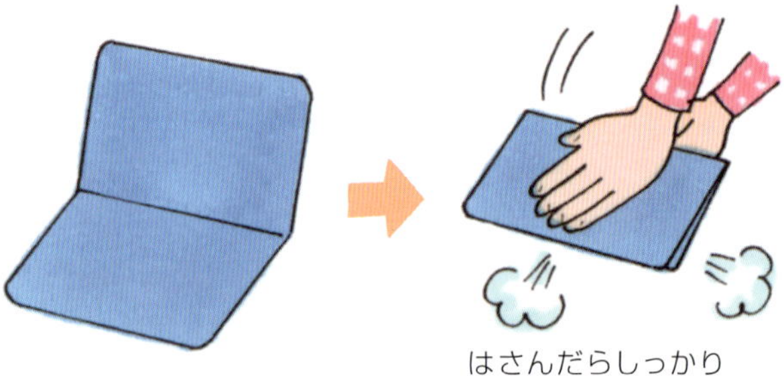

はさんだらしっかり押さえる。

浅めの箱に重ねて入れる。

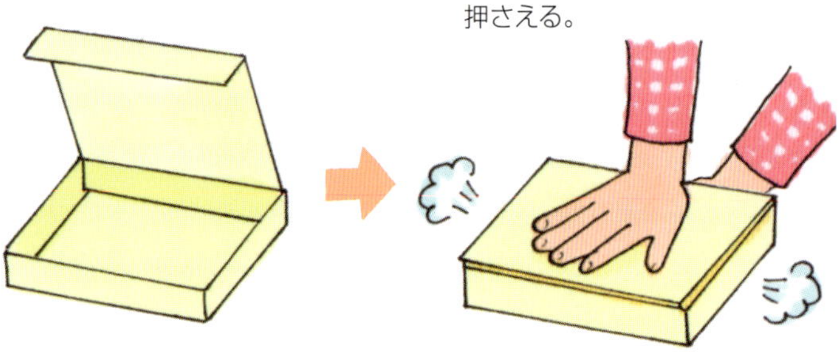

2つつなげても楽しい。

長〜いへびさんの本

牛乳パックのしかけをたくさんつなげたら、へびの絵を描いて貼ります。へびが勢いよく飛び出してびっくり！

舌としっぽもつけると、よりへびらしさが出る。
長くつなげてへびの絵を貼る。
なにが出るかな
へびだー！

おばけ絵本

「まよけの箱」を開けると、中からおばけや妖怪が飛び出します。びっくり度は満点！　「開けてはいけない」などと書いておくと楽しいですね。

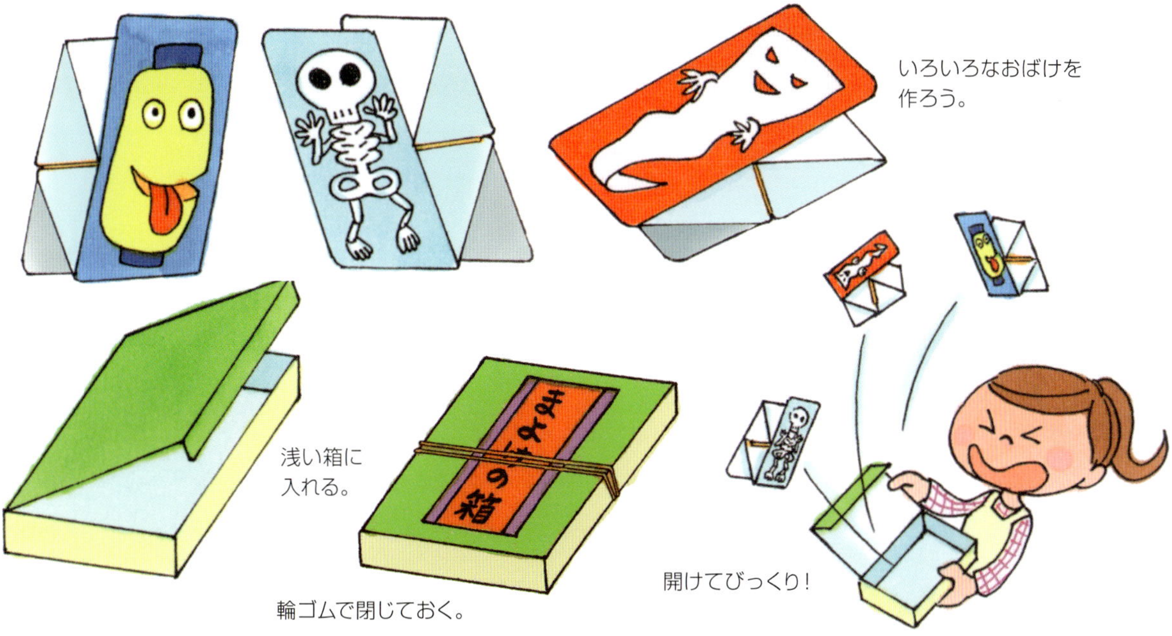
いろいろなおばけを作ろう。
浅い箱に入れる。
輪ゴムで閉じておく。
開けてびっくり！

4月～2月に作った絵本で 思い出の一冊

3月 クラスの思い出絵本

3月は進級・卒園のシーズン。
これまで紹介した絵本で、記念の一冊を作りましょう。

のびる絵本で （P10～13）

みんなのひなまつり

のびる絵本を開くと、クラスの友達が三人官女や五人囃子に…。人数が多いときは、紙の幅を太くしてたくさん入るようにしてあげてもいいですね。

1 おひなさまの絵本を開くと……

2 クラスのみんながおひなさまに！

子どもたちのユニークな表情の顔写真を切り抜いて貼ると、楽しい思い出絵本に！

窓つき絵本で (P22~25)

1年間の思い出レポート

型紙 ▶▶▶ 71p

窓つき絵本の枠をテレビの形にして、キャスターの人形を取りつけます。１年間の楽しかった行事を描いたり、クラスの友達が並んだり、いろいろアレンジできますね。

ひよこぐみの いちねん
ひよこぐみの１ねん、みんな どんなこと したかな？
4がつ にゅうえんしき
5がつ どうぶつえんへ えんそく
6がつ ほいくさんかん
7がつ プールびらき
8がつ なつまつり
9がつ どんぐりやま えんそく
10がつ うんどうかい
11がつ いもほり
12がつ クリスマス
1がつ おもちつき
2がつ まめまき
3がつ ひなまつりかい

行事の思い出をたくさん描く。

ももぐみの おともだち

寄せ書きのように子どもが自画像を描く。

キャスター人形の作り方

①

持ち手

枠の窓の大きさに合わせて、紙で人形を作る。

②

人形と台紙にまたがるように留めると、人形が動く！

窓の裏側から、ホッチキスの1点留めで取りつける。

③

人形を動かしながらお話しする。

大きくなる絵本で (P30~33)

楽しかった園生活の思い出

遠足や運動会など楽しかった行事の絵や写真を集めて作ります。イベントがあるごとに、作った作品をまとめておくとよいですね。

1

入園時の写真などを貼ります。

2

初めて行った遠足のときの絵など。

3

子どもが一番楽しかった思い出を。紙面が大きくなるので、まわりに切り抜いた写真を貼ったりもできます。

4

「大きくなったときの夢」を子どもが自由に描きます。

これからの学校生活への希望をこめて、ランドセルの絵などを。

大きくなる絵本で（P30~33）

生い立ちの本

親子でいっしょに作ります。現在の子どもの体型をなぞって、ダイナミックに。あとから見ても楽しい、すてきな生い立ちの本です。

1

りょうちゃん
こんなにおおきく
なりました
○ねん
○がつ○にち
うまれ
しんちょう
50cm
たいじゅう 3Kg

現在の写真を貼ります。

2

○ねん○がつ○にち

生まれたときの写真と、あれば当時の手形のコピーなどを貼ります。日付なども忘れずに。

3

季節ごとの行事の写真。なん枚かコラージュすると楽しい紙面になります。

模造紙などに子どもが寝転び、大人がペンで輪かくを描きます。

4

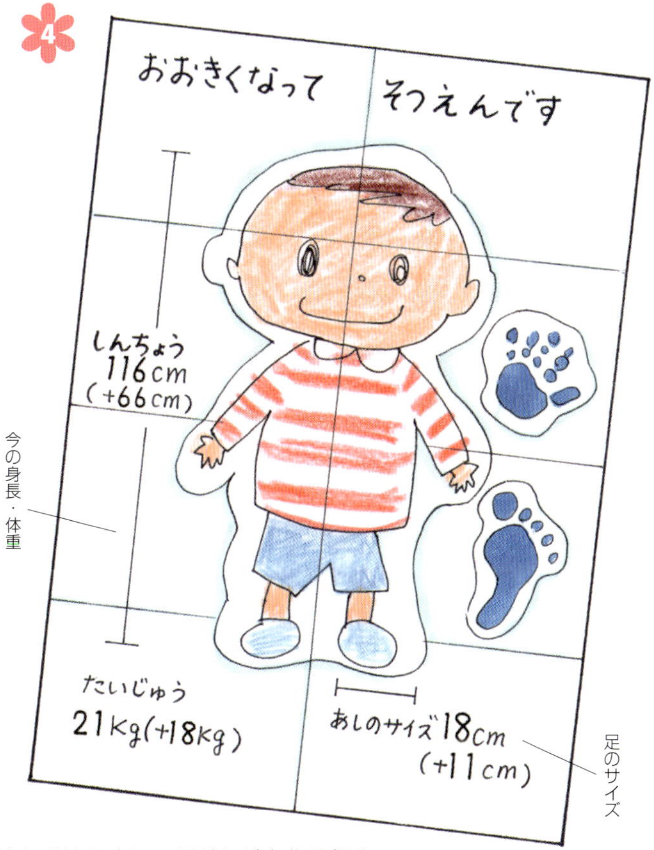
おおきくなって
そつえんです
しんちょう
116cm
(+66cm)
たいじゅう
21kg(+18kg)
あしのサイズ 18cm
(+11cm)
今の身長・体重
足のサイズ

輪かく線の中に、子どもが自分の顔や体を描きます。手伝ってもらってもかまいません。まわりに、手形や足形を押しておくのもいいですね。

迷路絵本で （P26～29）

プレゼントありがとう

おじいちゃんとおばあちゃんに、入学祝いのお礼のカードを贈ります。家に遊びに行くまで、いろいろな設定を考えて楽しみましょう。

1 おじいちゃんおばあちゃんの家に出発！

2 飛行機で行こうかな？　電車がいいかな？

3 空を飛んで、山を越えて……

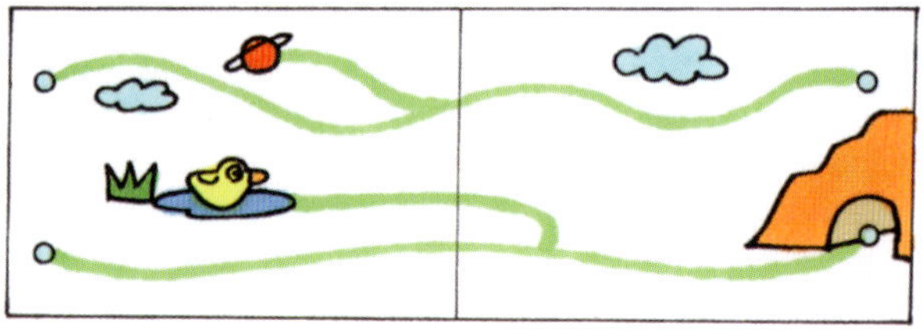

4 無事に到着したよ！

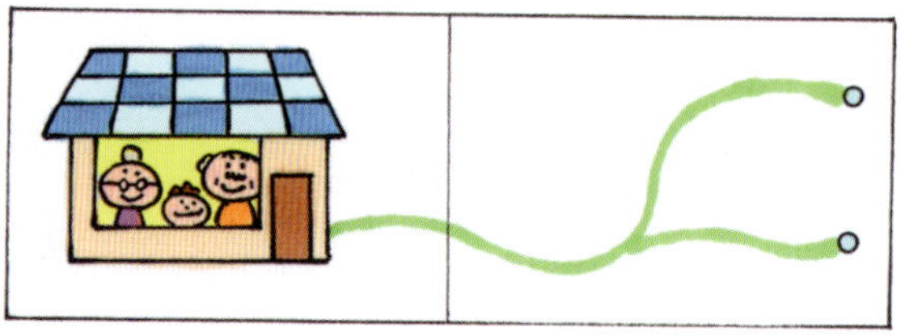

5 ランドセルありがとう。大切にするね。

作り方

① 同じ大きさの紙を２枚重ねて、
まん中に折り線をつける。

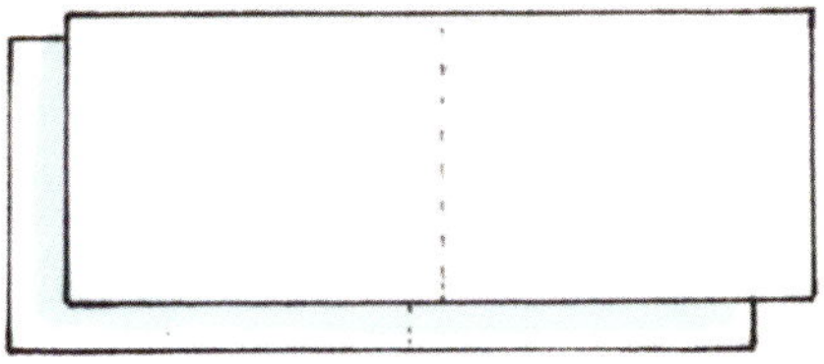

② まん中を
ホッチキスで留める。

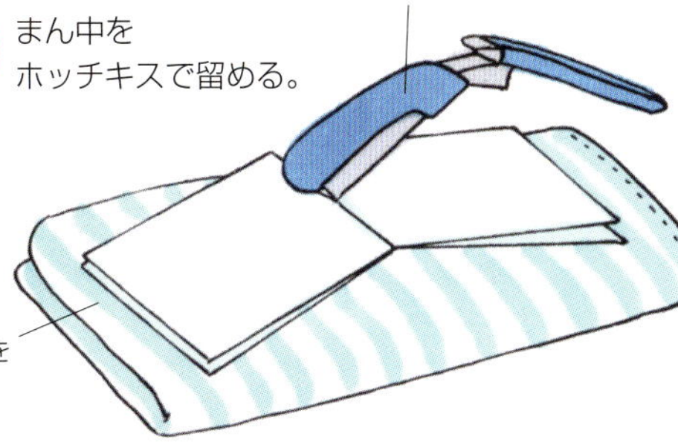
ホッチキスを開いて使えば
大きい紙も綴じられる
タオルなどを
敷いた上で

③ ３枚目まで、パンチで
穴を開ける。
※同じ位置でも
バラバラでもよい

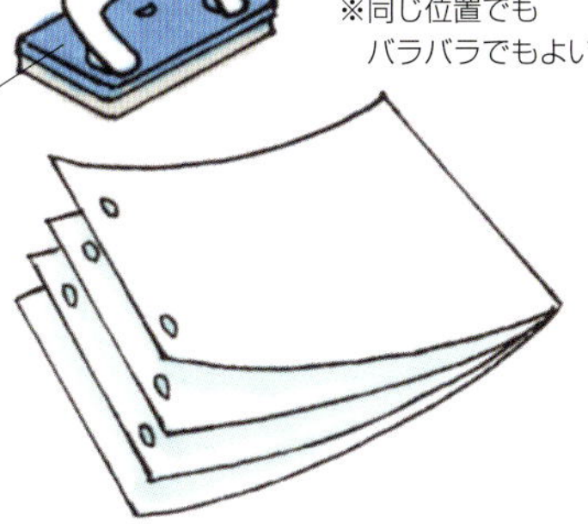
1穴パンチを使ってもよい

④ 各ページに、
迷路と絵を描き入れる。

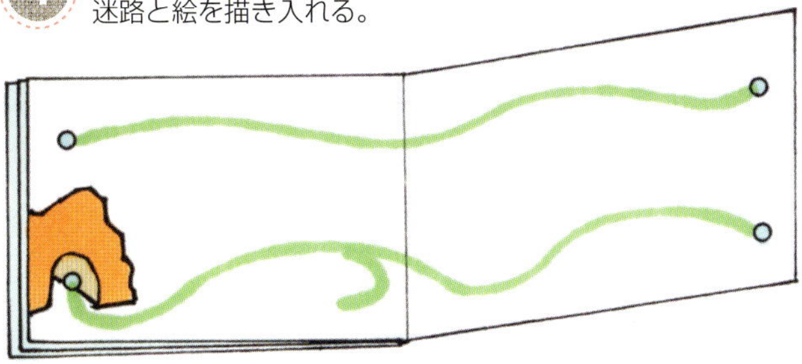

かくれんぼ絵本（P40～41）のしかけをプラスして 最後のページを立体的にしてみましょう。

窓のある家を別紙に描き、窓が開くように切れ目を入れる。

似顔絵でもよい

迷路絵本に写真を貼り、
その上に家の絵を貼る。

窓を開けると、おじいちゃんと
おばあちゃんが迎えてくれます。

飛び出すしかけで (P40～41)

卒園記念の贈り物

立体感のある「飛び出すカード」で、卒園記念のかわいいカードを作りましょう。表紙の紙は厚手で少し高級感のあるものを選び、リボンなどでとじられるようにします。

まわりのスペースには子どもが絵を描いたり、写真を貼ったりして自由に作ります。

リボン結びでとじられるようにします。

作り方

1

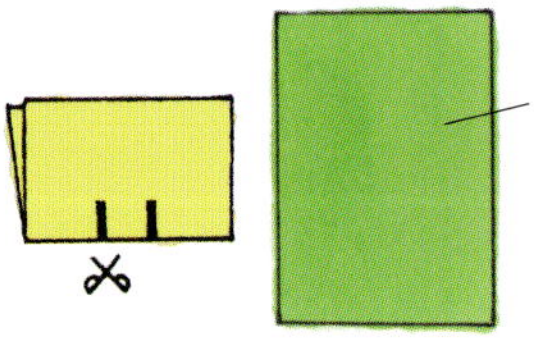

表紙は厚めの紙で

中身の紙を半分に折って、切り込みを入れる。

2

まん中の台座の部分は描かない

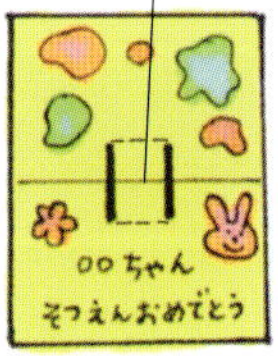

絵を描いたり写真を貼る。

3

カッターなどでリボン通しの切れ目を入れる

表紙を2つ折りし、絵を描き、リボンを取りつける。

リボンを通してのりやセロハンテープで留める

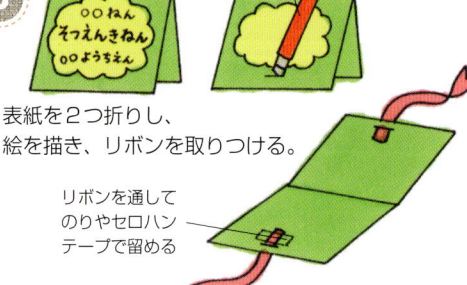

4

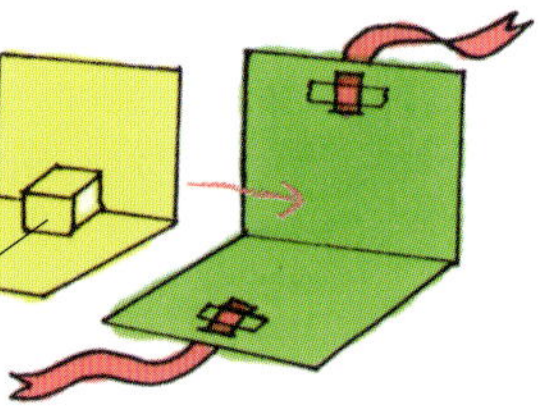

台座まで貼らないように注意

2枚を重ねて貼る。

5

メインになる写真を台座に貼りつける。

手づくり絵本
製作のヒント

工作が苦手でも大丈夫！

木村研からのアドバイス

かんたんに作ろう！

**この本で取り上げた手づくり絵本は、かんたんにサッと作れるのが魅力です。
特別な道具や技法がなくても、身近なもので
楽しく作るヒントを紹介します。**

1 絵が苦手でもOK ありものを活用！

雑誌やチラシ、カレンダーに包装紙。身の回りにはきれいな印刷物がたくさんあります。切り抜いて、ペタペタ貼って、効果的に使いましょう。
（※個人的な利用に限ります）

チラシやパンフレットを使って

車や洋服などのパンフレットには、きれいな写真がいっぱい！
ケーキ屋さんのチラシ、ファストフードや宅配弁当のチラシなども活用できますね。

大好きな自動車を集めて、びょうぶ折り絵本に
（→ 34 ページ）

おいしそうな写真を使って、のびる絵本に
（→ 10 ページ）

図鑑を使って

動物や魚は図鑑を活用。専門雑誌などにもおもしろい写真が見つかりますよ。

拡大コピーで
大きくなる絵本に
（→33ページ）

表面には全体を、裏面の各ページには部分写真を貼りつけてクイズ形式に

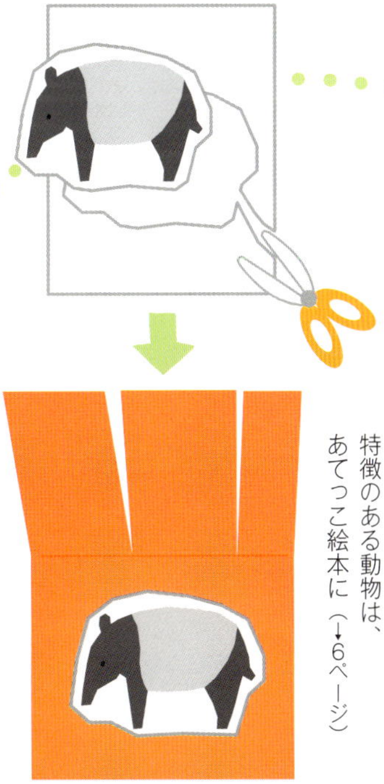

特徴のある動物は、
あてっこ絵本に（→6ページ）

ユニークな海の生物を貼って
窓つき絵本に
（→22ページ）

シールを使って

選ぶのに迷ってしまうほど、種類が豊富なシール。
キラキラしたものや立体シールを貼っても楽しいです。

細かいので、迷路絵本などの小さめの作品に（→26ページ）

古いカレンダーで

カレンダーはイラストや写真の宝庫。紙が丈夫で裏面が白いものも多いので、そのまま活用できます。

楽しい絵柄を生かして、
かくれんぼ絵本に
（→ 38 ページ）

切り込みを入れれば、飛び出すし
かけカードにもなります（→ 40 ページ）

イラスト集を使って

コピー使用目的で作られた既製のイラスト集。季節ものや幼児向けの絵柄も豊富です。

びっくり絵本の人形部分に。動物の絵でたくさん作って
飛ばしても楽しい。（→ 46 ページ）

2 あれこれ道具がなくても かんたん工作テクニック

道具なしで円の中心を決める

→「紙皿で作る変身絵本」（16ページ）

コンパスなどの道具がなくても、円の中心がわかる方法です。紙皿を使った絵本を作る場合など、円の中心に穴をあける必要があります。下記のようなやり方が便利です。

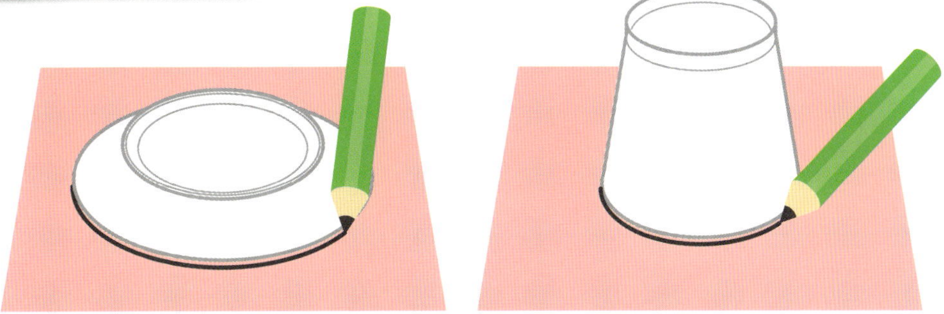

紙の上に皿やコップなど、丸いものをのせ、えんぴつで形をなぞる。

はさみで切りとる。

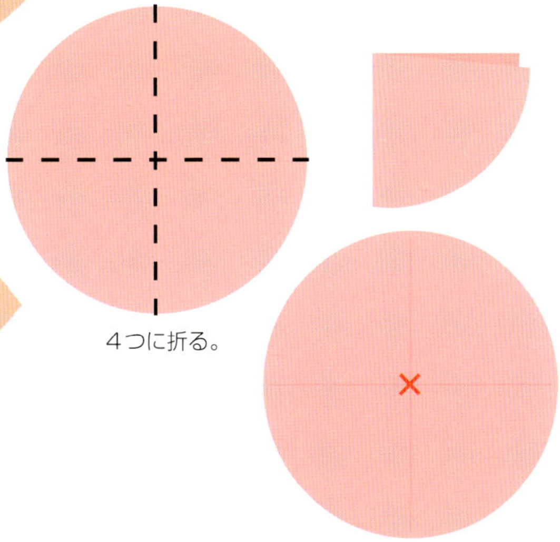

4つに折る。

広げて、線の交わったところに印をつける。ここが中心。

細長い紙で、正三角形を作る

➡「手品絵本」(43 ページ)

分度器を使えば正三角形の 60 度は測れますが、道具がなくてもかんたんに作れます。

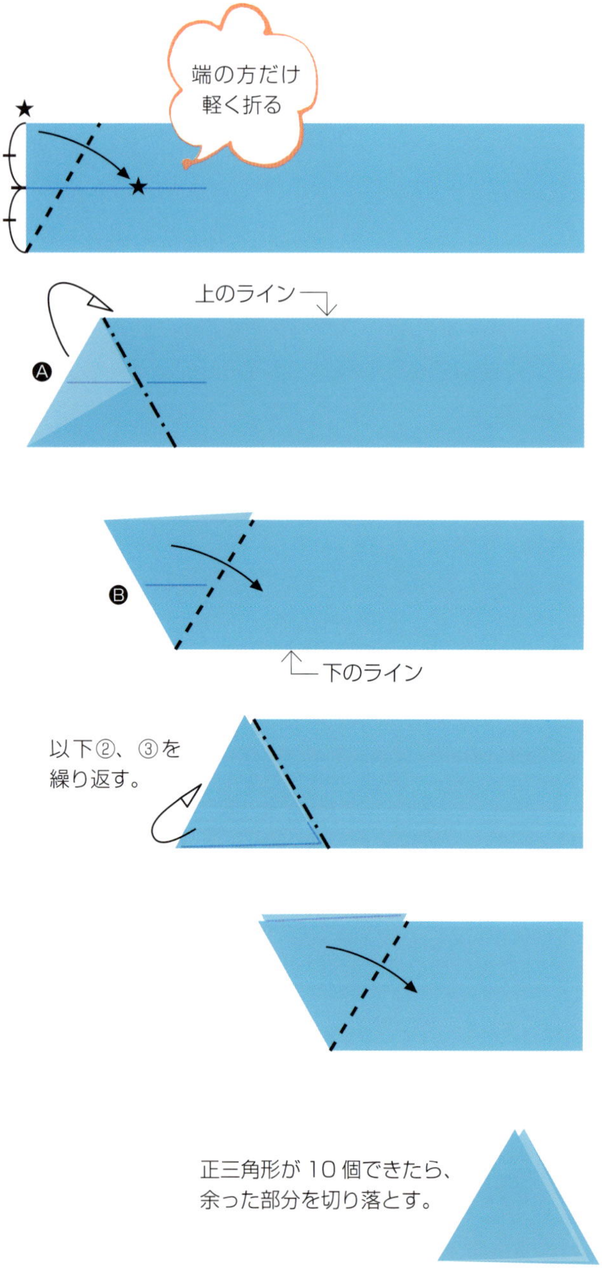
端の方だけ軽く折る
上のライン
Ⓐ
Ⓑ
下のライン
以下②、③を繰り返す。
正三角形が 10 個できたら、余った部分を切り落とす。

1

細長い紙の端を横半分に折り、★印の角が折り線に載るように折る。

2

辺Ⓐが上のラインにぴったり重なるように向こう側に折る。

3

辺Ⓑが下のラインにぴったり重なるように手前に折る。

はさみで窓を切り抜く

➡「窓つき絵本」(23 ページ)

カッターが使えない子どもが、かんたんに窓を切り抜く方法です。小さい子どもには少しむずかしいかもしれませんが、はさみに慣れたら挑戦してみてください。

※えんぴつで穴を開けるところは力が要るので、大人が手伝ってあげましょう。

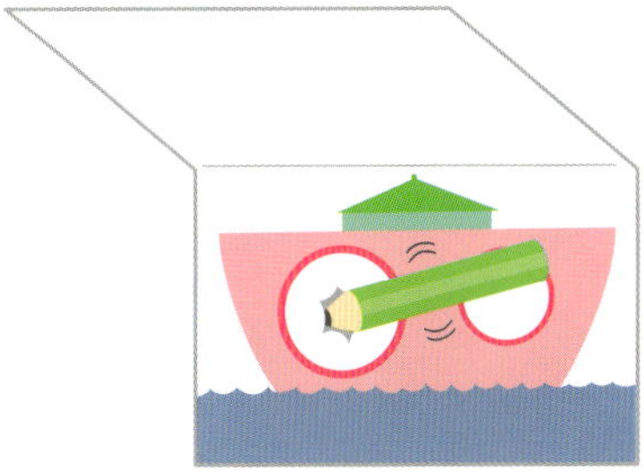

1 窓にえんぴつで穴を開ける。

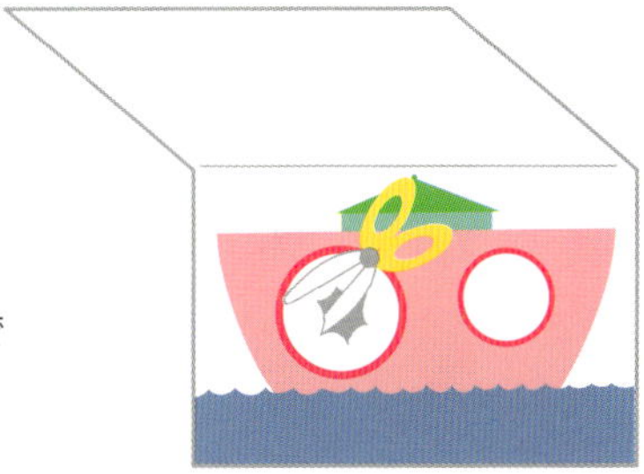

2 穴にはさみの先を入れて…

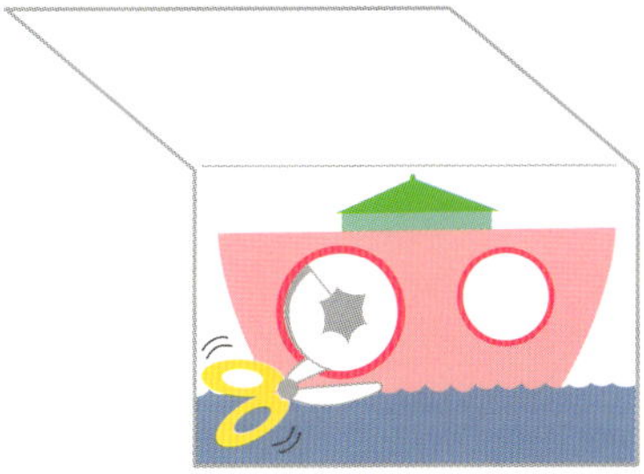

3 窓に沿って切る。

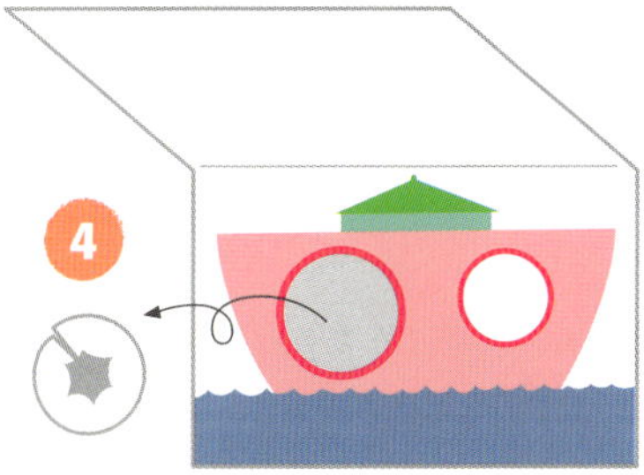

4

おまけ　きれいに長持ちさせたい！ 手づくり絵本を守るグッズ

写真の保護に

図書保護シート（ブッカー）

図書館で本をコーティングするときのビニールシートです。写真やイラストがこすれるのを防ぎます。

クレヨンなどの粉をおさえる

定着液（フィキサチーフ）

クレヨンやえんぴつなど、粉っぽい画材を定着させるためのスプレー剤。絵や手が汚れるのを防ぎます。

型紙

コピーしてお使いください。
各作品ごとに、参考用の拡大率を記載してあります。

イ ンスタント絵本

（作品 **18p**、作り方は **19p**）

150%拡大で
A4 サイズに
収まります。

1 週間絵日記

（作品 **20p**、作り方は **19p**）

月　日（　）

月　日（　）

月　日（　）

月　日（　）

月　日（　）

月　日（　）

月　日（　）

月　日（　）

150%拡大で
A4 サイズに
収まります。

かくれんぼ絵本

（作品 38p、作り方は 39p）

山折り

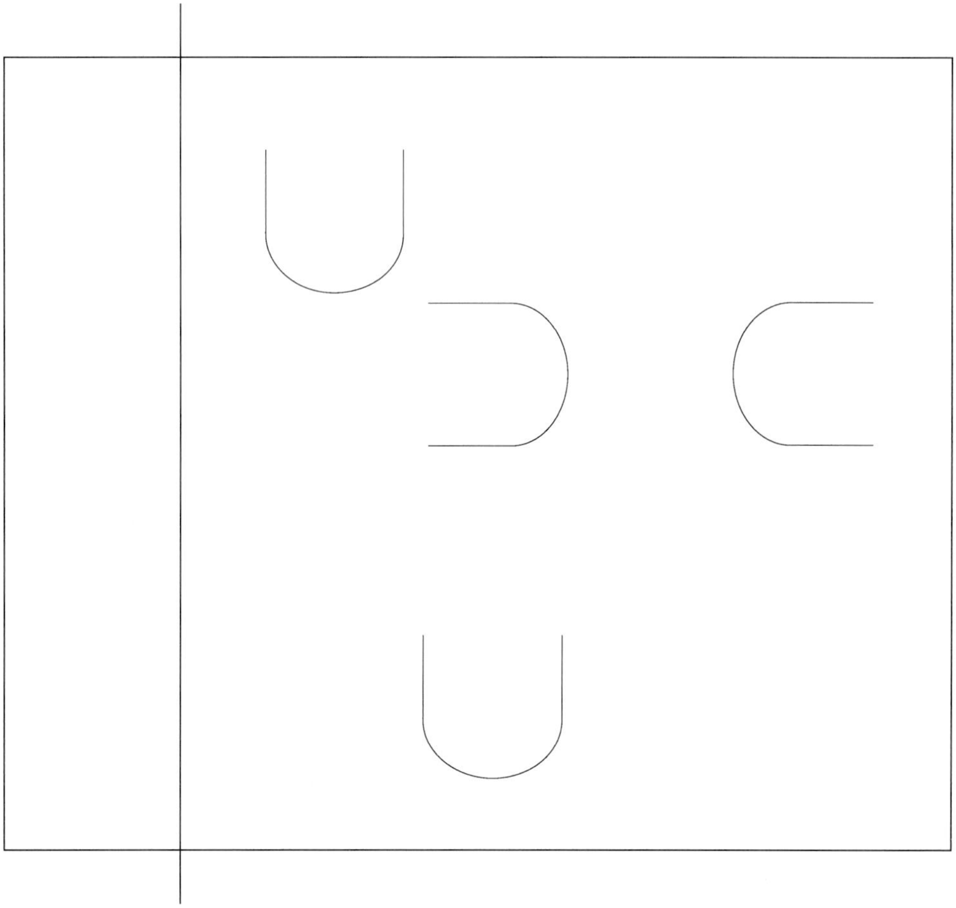

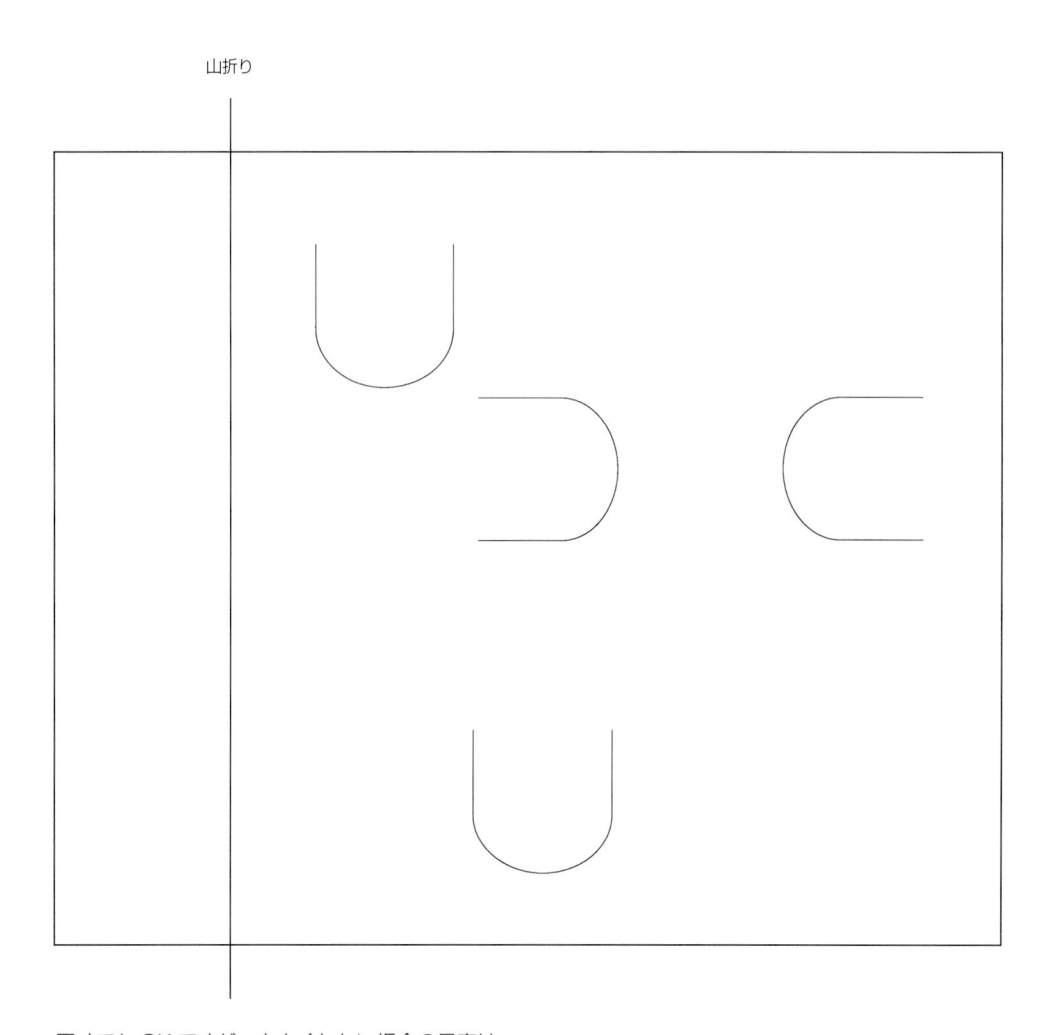

原寸でも OK ですが、大きくしたい場合の目安は
・180%で A4 サイズ
・150%で B5 サイズ
に収まります。

山折り

手品絵本

（作品 **42p**、作り方は **43p**）

この部分は折る前に切り落とす。

190％拡大でA3サイズの縦方向に収まります。

使い方

1 
コピーをとり、この部分は切り落とす。

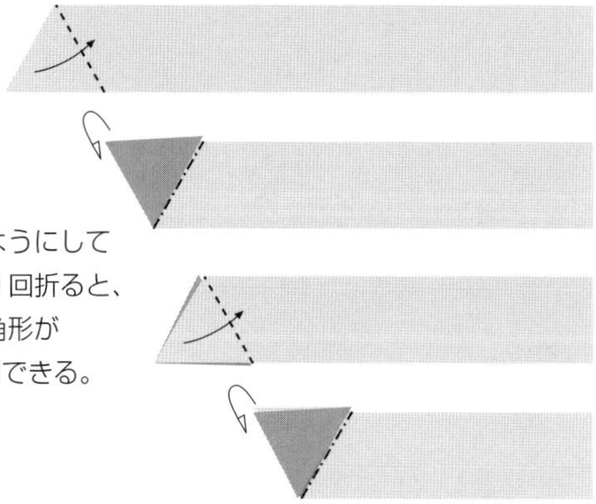

2 図のようにして計10回折ると、正三角形が10個できる。

3 余ったところは切る。

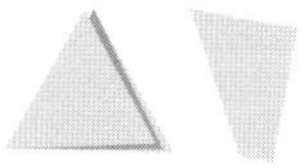

手品絵本「卵が先か、にわとりが先か ?!」

➡（作品 **44p**、作り方は **45p**）

130%拡大で、A4 サイズに収まります。

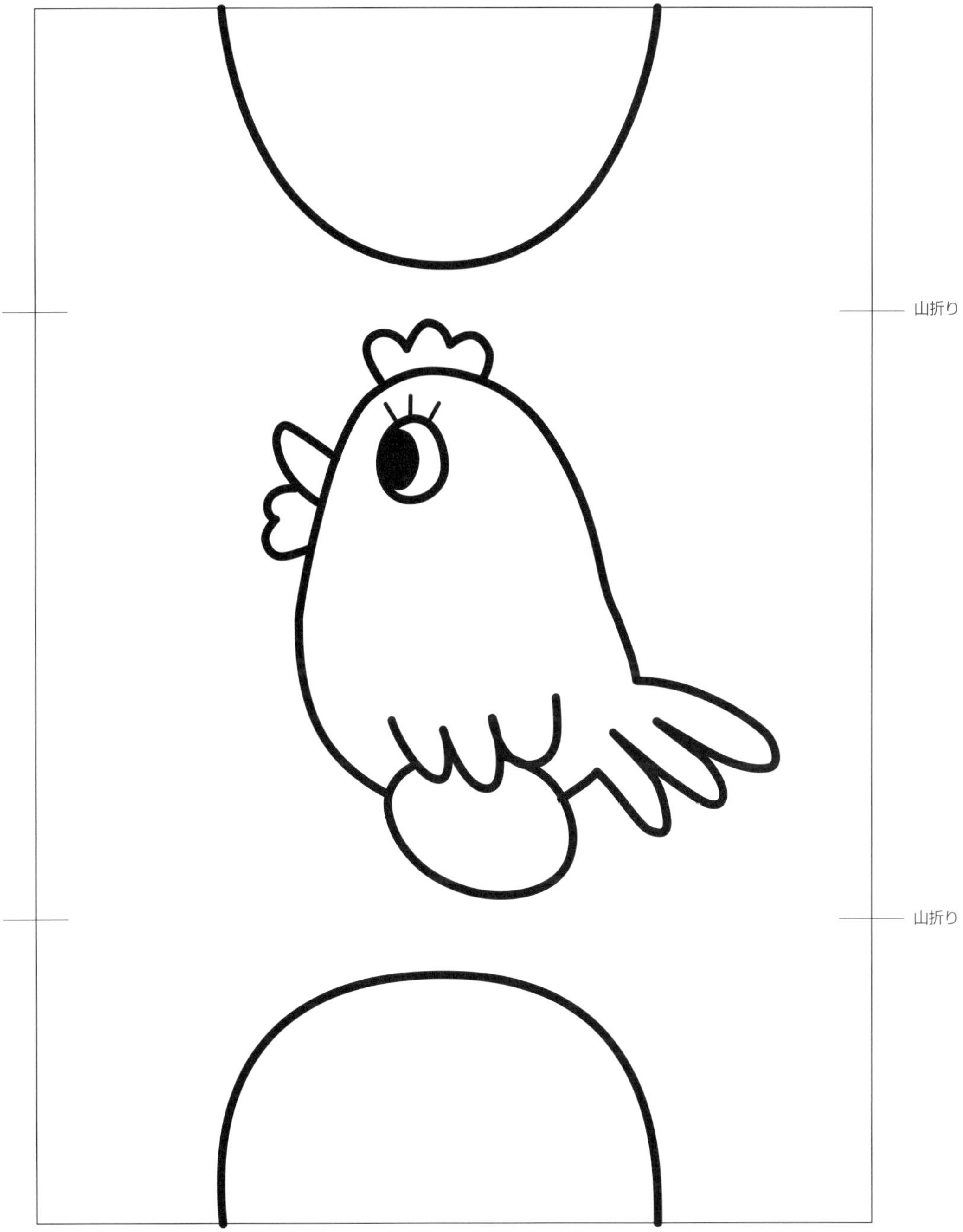

表

裏

窓つき絵本「1年間の思い出レポート」

（作品、作り方 51p）

150%拡大で A4 サイズに収まります。

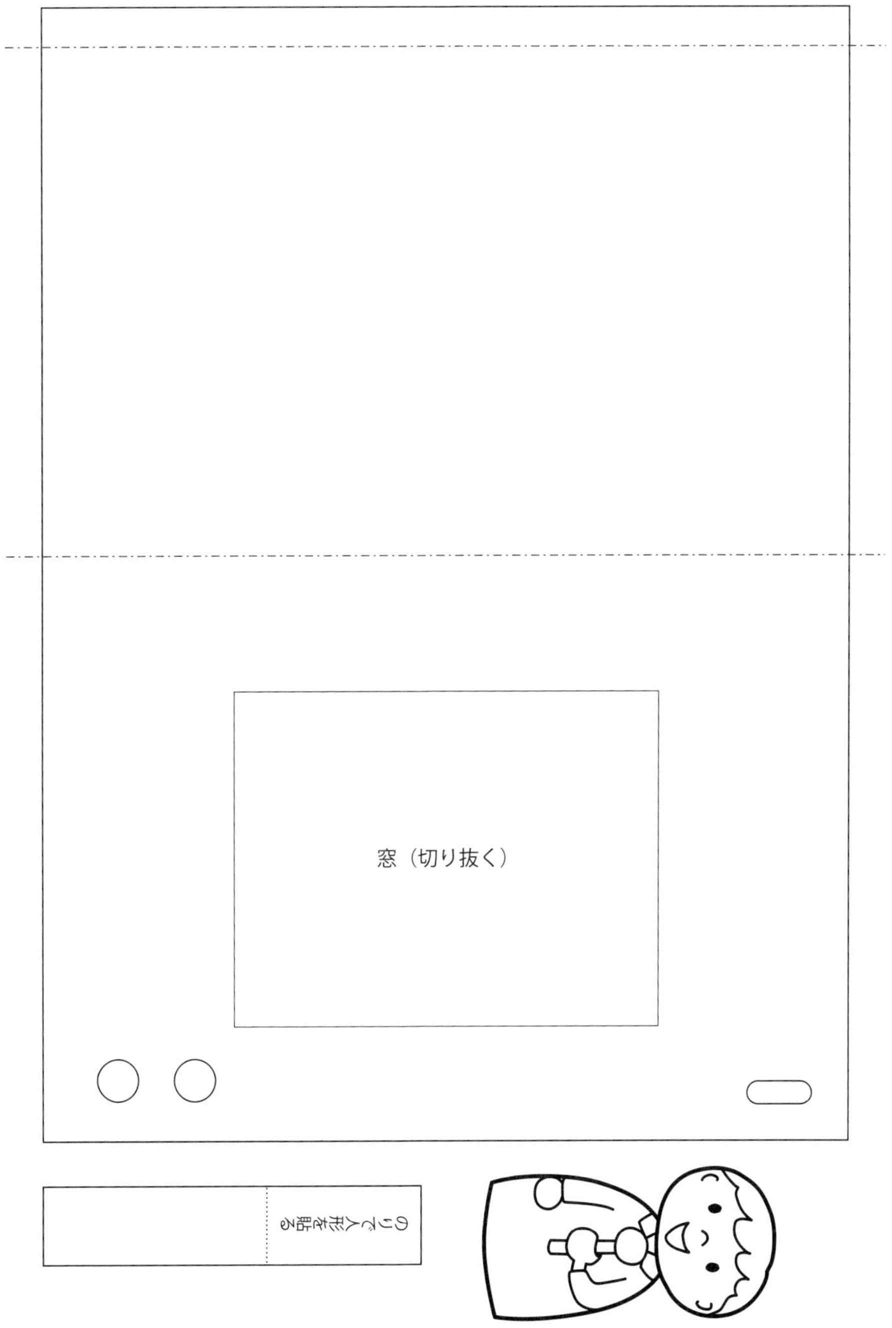

著者紹介

木村 研

1949 年鳥取県生まれ。児童文学作家。おもちゃ・遊びの研究家として全国をかけまわっている。主な作品に『一人でもやるぞ！ と旅に出た』（草炎社）、『手づくりおもちゃを 100 倍楽しむ本』（いかだ社）、『遊ばせ上手は子育て上手』（ひとなる書房）、『だいちゃんとてるてるじいさん』（チャイルド本社）、『999 ひきのきょうだい』『999 ひきのきょうだいのおひっこし』などの「999 ひきのきょうだい」シリーズ（以上、ひさかたチャイルド）など多数。日本児童文学者協会会員。

- **表紙・本文デザイン**／㈲ J-ART（田中皓子）
- **絵本製作・イラスト**／いとうみき、すぎやままさこ、福々ちえ、みさきゆい
- **作り方イラスト**／みつき
- **撮影**／安田仁志
- **本文校正**／くすのき舎
- **編集協力**／遠藤妙子
- **編集担当**／石山哲郎、西岡育子

わくわく！ びっくり！ かんたん手づくり絵本

2012 年 8 月　初版第 1 刷発行

著者／木村研　©Ken Kimura 2012
発行人／浅香俊二
発行所／株式会社チャイルド本社
　　〒 112-8512　東京都文京区小石川 5-24-21
　　電話　03-3813-2141（営業）　03-3813-9445（編集）
振替／ 00100-4-38410
印刷・製本／図書印刷株式会社

ISBN978-4-8054-0201-6
NDC376　24 × 19cm　72P
Printed in Japan
乱丁・落丁本はお取り替えいたします。

チャイルド本社ホームページアドレス
http://www.childbook.co.jp/
チャイルドブックや保育図書の情報が盛りだくさん。どうぞご利用ください。